AF312099

INTONATION MUSICALE.

L'ÉTUDE

DES

DIÈSES ET BÉMOLS

RÉDUITE A SA PLUS SIMPLE EXPRESSION

(SANS CHIFFRES NI TRANSPOSITION),

A L'AIDE DE MOYENS NOUVEAUX ET PRATIQUES,

APPLIQUÉS A L'ENSEIGNEMENT DE

LA MUSIQUE VOCALE,

OU

COMPLÉMENT DE TOUTES LES MÉTHODES ET SOLFÉGES,

A L'USAGE

DE TOUS CEUX QUI ENSEIGNENT OU ÉTUDIENT LA MUSIQUE ÉLÉMENTAIRE;

ACCOMPAGNÉ DE

QUELQUES RÉFLEXIONS SUR LA MÉTHODE P. GALIN, PARIS ET CHEVÉ,
ET SUR LA MÉTHODE WILHEM.

PAR

P. GUERRE.

A PARIS,

CHEZ LES PRINCIPAUX MARCHANDS DE MUSIQUE,
ET CHEZ L'AUTEUR,
9, RUE DE PARADIS-POISSONNIÈRE.

1850.

Tout exemplaire non revêtu de la signature de l'Auteur sera reputé contrefait.

MUSIQUE TYPOGRAPHIQUE

DE TANTENSTEIN ET CORDEL,

90, rue de la Harpe.

Paris.—Imprimerie Bautruche. 90, rue de la Harpe.

PRÉFACE

Le nombre des méthodes d'enseignement élémentaire de la musique, et celui des solféges publiés depuis trente ans, démontre assez l'importance qu'on attache à la propagation des connaissances musicales; mais ce nombre même est peut-être aussi une preuve que ces ouvrages, malgré les soins et le talent de leurs auteurs, n'atteignent pas complètement leur but, qui doit être d'abréger le temps de l'étude, soit par la clarté de l'exposition des faits théoriques, soit par une intelligente direction de la pratique.

On exige aujourd'hui de la jeunesse des connaissances variées qui ne peuvent s'acquérir qu'en consacrant beaucoup de temps à l'étude. Celle de la musique, comme étude d'agrément, ne sera généralement cultivée que si elle n'empiète pas trop sur le temps réclamé par celle des connaissances indispensables.

Cependant, tout le monde reconnaît l'heureuse influence de la musique sur les habitudes de la jeunesse et sur les mœurs. Aussi désire-t-on voir le goût de cet art se répandre de plus en plus.

Ces considérations m'ont porté à rechercher les causes de l'insuffisance des méthodes en usage, et c'est le résultat de ces recherches que j'offre ici au public. Je crois pouvoir affirmer que cette insuffisance provient surtout des moyens incomplets dont on se sert pour enseigner l'intonation, ou plutôt une partie de cet élément essentiel de la musique vocale, je veux parler des tons constitués par les dièses et les bémols. En effet, si toutes les méthodes enseignent avec plus ou moins de succès, selon la marche plus ou moins rationnelle qu'elles suivent, l'intonation des intervalles des tons modèles : UT *majeur* et LA *mineur*, toutes aussi rencontrent dans l'étude des tons par *dièses* et par *bémols* une difficulté insurmontable pour l'immense majorité des élèves, excepté (dans un grand nombre de cas) la *Méthode* dite *de transpo-*

sition. Mais transposer c'est ici, j'essaierai de le prouver, éluder la difficulté et non la vaincre.

Mes recherches ont donc eu pour but de combler cette lacune de l'enseignement et d'offrir à tous ceux qui s'occupent de musique vocale, quelle que soit d'ailleurs la méthode qu'ils suivent, la possibilité d'enseigner ou d'apprendre d'une manière prompte et sûre les intervalles qui résultent de l'introduction des dièses et des bémols dans la musique.

Le moyen trouvé, j'ai étendu l'application du principe dont il est la conséquence, à l'étude de l'intonation dans les tons modèles UT *majeur* et LA *mineur.* Les excellents résultats que j'ai obtenus m'ont encouragé à donner ici ce complément de mes recherches. Ce livre contient donc tout ce qui est relatif à l'étude de l'intonation dans la musique vocale élémentaire.

Je ne fais aucune exposition théorique autre que celle qui est indispensable à l'intelligence du principe qui m'a dirigé. Le titre de cet ouvrage en fera aisément comprendre le motif. Ceux à qui il s'adresse, se servant des méthodes en usage, trouveront dans celles-ci la démonstration de la théorie musicale, et c'est pour cela que je puis présenter ce petit traité comme un complément de ces méthodes, puisqu'il contient seulement ce que je crois manquer à chacune d'elles.

Par le même motif, on ne trouvera ici rien de ce qui est relatif au rhythme ou à la durée des sons, si ce n'est pour l'explication du petit nombre de signes de cette partie de l'écriture musicale dont j'ai dû me servir pour atteindre mon but.

En publiant cet essai, je ne puis me dispenser de jeter un coup-d'œil sur la manière dont on procède ordinairement dans l'enseignement de l'intonation. Pour prouver que mes recherches ont été faites dans un but d'amélioration, il faut bien que je montre en quoi les méthodes usitées m'ont paru incomplètes. Cet examen est l'objet des réflexions qui forment la première partie de ce livre.

La deuxième partie est consacrée exclusivement à l'exposition de la marche à suivre dans l'étude des huit Tableaux qui la terminent, et qui contiennent toute la partie pratique.

Quel que soit le jugement que l'on porte sur la manière dont je résous les questions traitées dans cet ouvrage, on reconnaîtra, du moins je l'espère, qu'il a été conçu dans un but réel d'utilité: à ce titre seulement, j'ose solliciter pour ses nombreuses imperfections toute l'indulgence du public.

Si, par l'importance du sujet auquel il se rattache, mon travail pouvait mériter l'attention des maîtres, je recevrais avec reconnaissance les observations qu'ils voudraient bien m'adresser et que leur suggérera la pratique de l'enseignement. De même, je m'empresserai de donner à tous ceux qui voudront bien me les demander les renseignements qui pourraient paraître nécessaires à l'application des moyens d'enseignement que je propose.

Qu'il me soit permis d'ajouter que si l'exécution de ce livre laisse beaucoup à désirer, cependant les idées qu'il contient, si simples aujourd'hui à mes yeux, comme elles le seront, je crois, aux yeux de tous ceux qui cherchent la vérité et qui ont l'habitude de réfléchir avant de porter un jugement, ces idées, dis-je, sont le fruit de sérieuses méditations et d'essais multipliés. Je les publie parce que j'ai la certitude qu'elles peuvent être utiles; et si, pour en convaincre le lecteur, je suis forcé de montrer en quoi les méthodes les plus répandues sont imparfaites, je me hâte ici de rendre hommage au talent et aux honorables travaux de ceux qui nous ont ouvert la voie du progrès. Mon but n'est de faire le procès à aucune méthode. A chacun sa tâche. Celle que je me suis imposée dans ce livre consiste seulement à offrir aux maîtres le moyen d'obtenir des résultats positifs de leur enseignement, et aux élèves celui de ménager un temps précieux.

En toutes choses, les progrès de l'esprit humain sont lents, et, quels que soient les efforts de l'homme pour améliorer ses œuvres, elles resteront toujours loin de la perfection. Quelques méthodes, et entre autres celle de Galin, enseignée par MM. Paris et Chevé, et celle de Wilhem, ont puissamment contribué à répandre le goût de la musique; je m'estimerai heureux si les idées émises dans cette publication peuvent contribuer à en rendre l'étude encore plus facile.

SOMMAIRE.

Quelques réflexions sur la Méthode Galin, Paris et Chevé, et sur la Méthode Wilhem. — Exposé de quelques moyens propres à améliorer les Méthodes en usage. — Des Prénotions, nouvelle manière de les utiliser. — De l'étude des tons par dièses et par bémols; les prénotions appliquées à cette étude. — Les Homonymes employés à la dénomination des dièses et des bémols. — Note sur l'enseignement de la théorie des intervalles, de la formation des tons et des modes majeurs et mineurs, de l'usage des clefs, etc.

Guide des huit Tableaux de l'intonation musicale. Huit Tableaux d'exercices d'intonation.

QUELQUES RÉFLEXIONS

SUR LA MÉTHODE GALIN-PARIS-CHEVÉ,

ET SUR LA MÉTHODE B.-WILHEM.

On ne peut apprécier les avantages d'une idée nouvelle qu'en la comparant aux idées connues de la même nature. C'est pourquoi je me propose d'examiner ici comment les méthodes en usage procèdent dans l'enseignement de l'intonation en général, et plus particulièrement dans celui de l'intonation des intervalles formés par des dièses ou des bémols.

Les méthodes pour l'enseignement élémentaire de la musique peuvent se diviser en deux classes distinctes dont l'antagonisme est déjà bien ancien. Les unes reposent sur le principe des *rapports* ou *relations* des sons entre eux, et prétendent que la musique n'a pas d'autres lois que ces rapports. Les autres s'appuient sur le principe opposé, c'est-à-dire sur ce qu'on est convenu d'appeler le *son absolu*, et prétendent que les sons musicaux représentés par les notes *ut*, *ré*, *mi*, *fa*, *sol*, etc., doivent toujours être reproduits par les voix ou par les instruments avec le même degré d'intensité ou le même nombre de vibrations. Dans l'intérêt de la vérité, il faut dire que les défenseurs mêmes de ce principe s'en écartent à chaque instant dans la pratique, et, les plus simples notions des lois de la physique permettent de l'affirmer, il leur est impossible de faire autrement. Il est donc important, afin de détruire ce préjugé dans l'esprit du petit nombre de personnes qui sont encore sous son influence, de montrer que ce son fixe, absolu, dont on voudrait faire une loi pour l'enseignement musical, n'existe nulle part. Comme mon opinion ne serait d'aucun poids dans cette question, et pourrait d'ailleurs paraître suspecte, je citerai celle d'hommes dont la compétence ne saurait être mise en doute.

M. Fétis a dit :

« Il n'y a point de son faux en lui-même : il n'y en a point d'absolument juste. La justesse ou « la fausseté ne se déduisent que de la convenance dans les rapports de plusieurs sons entre « eux. »

Je pourrais appuyer cette opinion par d'autres semblables, empruntées à un grand nombre d'autorités aussi respectables ; je m'en abstiens afin de ne pas multiplier les citations. Cependant, je ne puis résister au désir que j'éprouve de donner ici en entier un article que je trouve dans un petit livre étranger à l'enseignement ; son auteur est par conséquent tout à fait désintéressé dans la question. On lit, page 11 du catalogue des *Appareils d'acoustique* de M. Marloye, à Paris, l'article suivant relatif aux

Diapasons en LA.

« Quand j'ai fait imprimer le second supplément de la première édition de mon catalogue, j'ai « annoncé les diapasons en *la* en usage dans les principaux théâtres d'Europe, et j'ai dit avec « naïveté que j'en garantissais l'exactitude. Qu'ont dû penser les chefs d'orchestre en lisant ces « mots, si toutefois les chefs d'orchestre lisent mon catalogue ? et que penseront maintenant les « savants, les artistes et les facteurs d'instruments de Paris, quand ils sauront que ce prétendu « diapason est inconnu à l'Opéra ? Qu'il y a bien eu à la vérité un diapason qu'on présumait devoir

« être chez le portier de l'administration ; mais les recherches qui ont été faites pour le décou-
« vrir et me le procurer n'ont servi qu'à constater qu'il n'en reste plus qu'un faible souvenir.

« C'est depuis fort longtemps une clarinette qui donne le *la* à l'orchestre de l'Opéra, et
« comme cè *la* varie avec la température et une foule d'autrès circonstances, on s'explique faci-
« lement pourquoi le diapason de l'Opéra change si souvent de ton. »

« C'est de M. le chef d'orchestre de l'Opéra que je tiens ces renseignements, et suivant ce
« que j'apprends de toutes parts, il paraîtrait que si dans les autres grands théâtres d'Europe
« on se sert de diapasons, ce qui n'est pas certain, on peut affirmer que nulle part on n'ade dia-
« pason invariable. »

Il n'y a rien à ajouter à cet article, il est à la fois la critique et la condamnation du son absolu.

Il n'est peut être pas inutile de faire observer que si je combats ici le principe du *son absolu,*
c'est dans l'intérêt de la vérité et nullement pour le besoin de ma cause. En effet, mes moyens
d'enseignement peuvent s'appliquer à l'un et à l'autre système ; mais je regarde comme une chose
utile de combattre les idées fausses toutes les fois que l'occasion s'en présente. Elles sont toujours un obstacle sérieux au progrès, dans toutes les branches des connaissances humaines, et
trop souvent elles l'emportent sur la raison et la vérité.

Je reviens à mon sujet. J'ai à expliquer pourquoi les diverses méthodes, qu'elles prennent
pour base l'un ou l'autre de ces deux principes, le son relatif ou le son absolu, restent à peu près
également impuissantes devant la difficulté qui nous occupe.

Il suffira, je pense, pour obtenir ce résultat, d'examiner comment procède dans chaque système
la méthode élémentaire la plus répandue.

Pour le *son relatif*, ce sera la méthode Galin, enseignée plus spécialement par MM. Paris et
Chevé, en qui l'on ne sait lequel louer le plus, du talent ou de la persévérance avec laquelle ils
luttent depuis tant d'années pour le triomphe de leurs idées et de celles de Galin.

Pour le *son absolu*, ce sera la méthode Wilhem. On sait que l'auteur de celle-ci est mort, il
y a peu d'années, après une carrière remplie par d'honorables travaux, et que depuis longtemps
sa méthode est introduite dans un grand nombre d'écoles primaires.

MÉTHODE GALIN-PARIS-CHEVÉ.

La méthode Galin, connue aussi sous les noms de méthode du Méloplaste ou de Transposition,
consiste, d'après MM. Paris et Chevé, à ramener toute la musique *vocale* à un ton unique, et même
à remplacer dans cette partie de la musique, la notation ordinaire par une notation en chiffres.
Pour prouver l'insuffisance de ce système, il faut démontrer qu'il ne peut ni s'appliquer à tous
les cas, ni dispenser un musicien de savoir solfier dans tous les tons, c'est-à-dire en appelant
les notes d'après les prescriptions de la clef, et de plus, que ses inconvéniens ne peuvent être
rachetés par aucun de ses avantages.

Le problème à résoudre est donc contenu tout entier dans la question suivante :

La musique vocale peut-elle toujours être ramenée à un ton unique?

Si cette question peut se résoudre par l'affirmative, la cause de la méthode est presque gagnée,
et la notation chiffrée peut être adoptée pour la musique vocale, laissant à débattre la question
sous le point de vue de ses rapports avec la musique instrumentale. Mais si elle se résout par la
négative, il sera démontré que la lecture de la musique par la méthode de transposition est insuffisante ; et, d'un autre côté, il sera évident que la notation chiffrée ne saurait prévaloir même
pour la musique vocale, puisque dans ce cas elle perd l'avantage dont ses partisans font leur
principal argument, celui de pouvoir représenter toute musique vocale par un ton unique.

Il me suffira, pour la résoudre négativement, d'en appeler à l'opinion de Galin lui-même. Cet auteur affirme (page 105 de son livre, édition 1835, Lyon) que ses élèves savaient lire dans tous les Tons comme ceux des anciennes méthodes, mais que pour se conformer à l'esprit de la sienne, il les habituait à prendre toujours l'*ut* pour tonique de départ. Voici ce qu'il dit :

« Il suit de ce qu'on vient de voir qu'il saura (l'élève) lire aussi une pièce de musique dont
« on effacerait l'armure de la clef, qu'on rejetterait toute ou en partie dans le courant de la
« pièce ; ce qui est un vrai tour de force dont on a souvent dit que les seuls Italiens étaient ca-
« pables. Le *stabat* de Pergolèse est écrit de cette manière ; il commence en *fa*, mode mineur
« et la clef ne présente que trois bémols : le quatrième, qui est *ré* bémol, étant rejeté dans le
« courant de la modulation. C'était ainsi l'usage des anciens musiciens, fondé sur je ne sais quels
« motifs, de mettre à la clef un bémol de moins que nous dans les modes mineurs : mais outre
« ces exemples, les morceaux de récitatif nous en offrent d'autres où toute armure de clef devient
« presque inutile par la multitude des modulations qu'on y pratique, et il faut bien pour les lire
« savoir faire l'opération dont je parle. »

Et page 112 :

« Mais par une raison beaucoup plus importante, je préfère que mon élève prenne ordinaire-
« ment l'*ut* pour tonique de départ (quoiqu'on ait vu qu'il puisse faire autrement), c'est pour
« que dans la lecture des bons auteurs dont il fera son étude, il puisse plus aisément remarquer
« et retenir les entrelacements des tons et des modes, et comparer un auteur à un autre. »

Dans ces deux passages, on voit que non seulement Galin reconnaissait l'utilité de l'étude de tous les tons, mais encore qu'il la regardait comme indispensable dans certains cas.

La question est donc jugée par Galin lui-même, et son opinion condamne la notation chiffrée *comme écriture usuelle;* en effet, celle-ci n'aurait un avantage sur la notation ordinaire, pour la musique vocale seulement, que par la réduction de toute musique à un ton unique, et Galin reconnaît que cette réduction n'est pas toujours possible. Mais admettons pour un moment qu'elle le soit et voyons à quelles conséquences cela pourrait conduire dans la pratique.

De l'aveu de Galin et de ses disciples la portée est supérieure aux chiffres pour la notation de la musique instrumentale. Or, l'immense majorité des jeunes élèves étudient la musique vo- cale, en vue d'appliquer la connaissance qu'ils en veulent acquérir à l'étude d'un instrument ; la musique vocale est pour eux une étude préparatoire. Je n'ai pas besoin de rappeler com- bien est restreint le nombre des sujets doués de voix propres à l'exécution du chant perfec- tionné.

Ainsi, il arrivera que les premiers, c'est-à-dire le plus grand nombre, ayant appris à solfier sur des chiffres et dans un ton unique, devront recommencer cette étude, ou du moins l'ap- pliquer à la portée. Remarquons ici combien la question se complique. L'élève qui apprend un instrument (dont la musique s'écrit sur une seule clef) est dans la nécessité pour compren- dre ce qu'il exécute :

1° De ramener mentalement la musique au ton unique d'*ut*, ce qu'il ne peut faire qu'en transposant, c'est-à-dire, en acquérant la connaissance des sept clefs.

2° Dans le même temps que pour comprendre ce qu'il exécute, il est obligé de transposer, il faut que pour exécuter avec son instrument, il lise dans le ton effectif indiqué par la clef ; double opération bien autrement difficile que celle de la lecture de deux clefs, comme dans la musique de piano ; car, non seulement il faut lire deux clefs et voir au même instant dans un seul signe l'expression de deux idées différentes, mais encore il faut penser en deux tons ou gammes (1). Et si l'on suppose le cas possible où l'élève devra transposer sur son instrument, on peut se figurer le nombre et la nature des difficultés qu'il aura à surmonter.

Ce qui précède nous conduit à dire quelques mots du Méloplaste, nom que Galin avait donné à sa méthode.

Le Méloplaste est un tableau sur lequel les lignes de la portée sont figurées d'une largeur visible à une grande distance. Ces lignes prennent alors le nom de *barreaux*. L'auteur du Méloplaste imagina de ramener la lecture de la musique sur la portée, à l'alphabet unique de la gamme d'*ut*, et de considérer, comme dans les chiffres, les noms des notes de cette gamme comme génériques, au lieu de spécifiques qu'ils sont dans l'usage.

Galin voulait que l'œil de l'élève s'habituât à voir des rapports entre les diverses lignes de la portée, comme l'oreille s'habituait à apprécier les rapports des sons de la gamme entre eux. En un mot, il voulait faire l'éducation de l'œil comme celle de l'oreille, sans tenir compte de la différence de la nature de ces organes. Quant à moi, je regarde comme certain, et je ne serai, je crois, contredit par aucun praticien, même de la méthode Galin, que l'on ne peut lire avec quelque volubilité une clef quelconque, si l'on ne trouve sans effort les *noms absolus* attribués par la clef aux lignes de la portée. Les musiciens savent combien de pratique exige cette étude des sept clefs. Est-il possible que des enfants qui étudient à la leçon seulement puissent acquérir une habileté satisfaisante au moyen du calcul continuel exigé par le système de Galin? Un autre inconvénient du Méloplaste provient de ce que l'élève, en suivant de l'œil la baguette du maître sur la portée muette, s'habitue à ne regarder qu'une note à la fois, ce qui lui est nuisible plus tard quand il doit lire rapidement. Et en admettant que les élèves puissent parvenir à une volubilité satisfaisante (2), il n'en reste pas moins vrai qu'on aura dépensé beaucoup de soin et de temps à apprendre une chose dont on peut se passer et qu'on aura négligé l'étude des tons qui est reconnue indispensable.

Le moyen employé par Galin pour enseigner l'intonation des intervalles du ton unique d'*ut* était excellent, et il est encore employé avec succès par ses disciples et successeurs.

Il commençait à enseigner à ses élèves à solfier des airs connus en substituant aux paroles des chansons les syllabes musicales *ut*, *ré*, *mi*, *fa*, etc. Par ce moyen il les familiarisait promptement avec les intervalles de la gamme, tous ces airs étant ramenés à l'alphabet du ton d'*ut* (3).

Il faisait ensuite chanter des exercices d'intonation dans lesquels les rapports se présentaient sans aucun dessein mélodique ou rhythmique, et par là forçait, pour ainsi dire, ses jeunes élèves à les retrouver dans leur mémoire.

D'après ce qu'affirme Galin dans le passage cité (page 11) on pourrait conclure qu'il possédait un moyen pratique pour enseigner les tons par dièses et par bémols; toutefois, il ne l'a pas publié et ne paraît pas non plus l'avoir communiqué à ses disciples, car leurs méthodes sont comme les autres, à peu près impuissantes devant cette difficulté de la musique, si ce n'est par la transposition; mais d'après ce qu'on vient de lire, on peut juger si je me suis trop avancé dans la préface de cet ouvrage, en disant que transposer, c'est, dans ce cas, éluder la difficulté et non la vaincre.

---

(1) La difficulté est ici de la même nature que s'il s'agissait pour un instrumentiste de transposer de la musique écrite en chiffres dans un ton quelconque. Ceux qui connaissent la notation chiffrée savent que la transposition sur les chiffres est beaucoup plus difficile que sur la portée.

(2) Voir la note de la page 20.

(3) On voit que ces airs étaient considérés par lui comme des *connaissances prénotionnelles*, qui devaient servir et servaient en effet, par de fréquentes répétitions, à graver dans la mémoire de ses élèves tous les rapports des sons de la gamme entre eux.

En résumé, la notation chiffrée me semble une connaissance, je ne dirai pas inutile, mais dont on peut se passer. Elle n'a d'avantage réel sur la portée que celui de la brièveté, avantage sans utilité dans la pratique, puisque cette notation ne peut servir dans tous les cas, et ne peut dispenser d'apprendre à solfier dans tous les tons (1).

La méthode du Méloplaste ou de Transposition, qui est la véritable méthode Galin, dans l'enseignement qui a pour but une éducation musicale complèt e, c'est-à-dire la lecture dans tous les tons d'après les prescriptions de la clef, a le grave inconvénient de faire étudier les sept clefs à la fois au lieu de les faire étudier une à une; et, en outre, celui de faire lire d'une manière qu'on peut regarder comme incompatible avec l'exécution instrumentale. De plus, elle nécessite une pratique constante que la plupart des élèves sont dans l'impossibilité de faire.

METHODE WILHEM.

Pour la méthode Wilhem, comme pour la méthode Galin, je me bornerai à montrer ici, pourquoi elle est insuffisante dans l'enseignement des tons par dièses et par bémols. Ce que j'ai à en dire peut s'appliquer à toutes les autres méthodes basées sur le même principe du *son absolu.* Cependant, avant d'entreprendre cet examen, comme il s'agit d'une méthode adoptée dans un grand nombre d'écoles, à titre de méthode populaire, je me permettrai quelques observations.

On a sans doute introduit dans les écoles l'enseignement de la musique dans le but d'en faire profiter tous les enfants qui les fréquentent, de même que tous profitent de l'enseignement de la lecture, de l'écriture, de l'arithmétique, etc. Il ne devrait pas y avoir plus d'exception pour la musique que pour les autres branches d'étude. A cette condition seulement une méthode sera vraiment populaire; cependant, jusqu'ici, une fraction seulement des enfants qui fréquentent les écoles ont été admis au bénéfice de l'enseignement musical. En signalant ce fait, je demande s'il n'aurait pas pour cause un vice de la méthode? L'introduction de l'enseignement de la musique dans les écoles perdrait une grande partie de son importance s'il n'avait pour but ou pour résultat que de faire l'éducation des organisations d'élite; son but doit être aussi de corriger ce qu'il peut y avoir d'imparfait ou de défectueux dans les autres. C'est donc une faute, que de ne pas étendre l'enseignement à tous les enfants, car les facultés musicales peuvent se développer chez le plus grand nombre, si l'on s'y prend convenablement.

Wilhem, sous l'empire du préjugé du son absolu, a adopté pour l'enseignement de l'intonation le mode le moins favorable aux progrès des élèves. Les exercices qui contiennent les intervalles dont se compose notre système musical se retiennent difficilement, faute d'un rhythme convenable, et plus souvent à cause de leur étendue, qui n'est pas en rapport avec celle de la masse des voix des élèves.

On dit à cela que si les exercices étaient rhythmés ou chantants, les élèves les réciteraient et ne les liraient plus, ce qui est vrai; mais cela ne prouve-t-il pas qu'il y a une lacune dans la méthode? On conviendra que pour reproduire les intervalles, il faut d'abord les retenir en mémoire.

(1) Je ne parle ici, comme dans tout le reste de cet ouvrage que des signes d'intonation. Toutefois, comme dans la notation chiffrée de Galin le système des signes de durée ne laisse rien à désirer sous le rapport de la précision et de la clarté, je ne puis m'empêcher d'exprimer ici le désir de voir ces signes adoptés dans l'écriture usuelle; ce serait une amélioration réelle à introduire dans notre écriture musicale, de même que, pour l'enseignement de la durée, la langue rhythmique créée par M. Aimé Paris serait le complément de cet ingénieux système.

Dans cette partie de l'enseignement Galin est bien supérieur à Wilhem; ses élèves parviennent en très peu de temps à une grande assurance d'intonation dans l'alphabet unique d'*ut*. Cette supériorité ne vient pas, comme on pourrait le croire, de la nature des signes; c'est-à-dire, de ce que l'un se sert de chiffres et l'autre de la portée. Elle vient uniquement de ce que Wilhem n'a pas su, comme Galin, utiliser les *Connaissances prénotionnelles* (1). Il s'en sert dans le cours de son enseignement, mais d'une manière incomplète, même en théorie, et tout à fait impuissante en pratique.

Ainsi lorsqu'il dit, page 142 de son premier cours : « A l'aide du début des chants ci-dessus, entonnez la sixte majeure ou mineure en partant d'une note quelconque, » il reconnaît à la fois, d'une part, la vérité du principe de la relation des sons entre eux, et de l'autre, l'utilité de l'emploi des connaissances antérieures pour en acquérir de nouvelles. En effet, l'usage qu'il recommande de faire des chants commençant par les paroles : « Honorez du vieillard, etc. « Beaux jours de ma jeunesse, » « Jusqu'au cercueil, mon fils, etc., pour arriver à la connaissance d'intervalles nouveaux, ou plutôt d'intervalles semblables portant des noms différents, n'est pas autre chose qu'une application de ces deux principes; mais, je le répète, cette application étant incomplète, reste inefficace. Wilhem semble avoir entrevu le chemin de la vérité, mais il n'a pas su, ou pas osé s'y engager. En plaçant au commencement de ses airs types un intervalle modèle, il n'a pas réfléchi que la difficulté de l'intonation ne doit ni ne peut se résoudre convenablement par le calcul théorique, imposé par son système. La théorie s'adresse à l'intelligence; mais, pour faire l'éducation de l'oreille, c'est à l'oreille qu'il faut s'adresser. J'ai toujours pensé qu'il faut plus de temps à un enfant pour apprécier d'un coup d'œil le nom et la nature d'un intervalle, qu'il ne lui en faudrait pour apprendre à l'exprimer, en faisant des exercices convenables.

Wilhem est même arrêté dans cette application si restreinte du principe dont il reconnaît implicitement la puissance. On lit, page 155 du premier cours : « D'après le principe de la tona-« lité, aucun chant ne commençant par l'intervalle de septième, on ne présente pas ici de « chants dont les débuts puissent servir de type d'intonation pour l'intervalle de septième. »

Pourquoi Wilhem, reconnaissant l'utilité des connaissances prénotionnelles, puisqu'il en fait une application dans cette partie déja avancée de son premier cours, n'en a-t-il pas fait usage au commencement? Pourquoi, en un mot, n'a-t-il pas comme Galin, utilisé la connaissance des airs populaires qui sont dans la bouche de tous les enfants, pour les familiariser avec les éléments de la langue musicale, au lieu de leur apprendre péniblement de nouveaux airs, et à la fois les signes de l'écriture musicale, avec lesquels il faut toujours du temps pour se familiariser ?

Nul doute que si Wilhem eût appliqué ce principe des prénotions d'une manière aussi large que l'avait fait Galin, il n'eût obtenu sur la portée les mêmes résultats que celui-ci sur les chiffres.

Les deux méthodes parviennent l'une un peu plus tôt, l'autre un peu après, à faire solfier leurs élèves en *ut*: pour l'immense majorité des élèves, leur puissance s'arrête là. Il n'y a plus d'autre différence entre elles que celle de la lecture à toutes les clefs, pratiquée par les disciples de Galin; mais cette lecture n'est pas le but de l'enseignement : elle est seulement, on l'a vu, le moyen d'éviter l'exécution, d'après les prescriptions de la clef, des dièses et des bémols, qu'ils soient constitutifs des tons ou accidentels; dans ce dernier cas, si la modulation dans laquelle ces accidents se présentent, est un peu éloignée du ton primitif, il faut de nouveau

---

(1) Voir la note page 14.

changer de clef, pour ramener la modulation au ton d'*ut*. C'est là, on le comprendra aisément, la pierre d'achoppement de la méthode de transposition sur la portée. Cette opération demande une attention et un esprit d'analyse qu'il n'est guère poss')le de rencontrer chez les enfants. Cette difficulté dans la transposition est à mes yeux de la même nature que celle que rencontrent les élèves de la méthode Wilhem, lorsqu'on leur demande de calculer un intervalle altéré par un dièse ou un bémol, afin de lui appliquer le premier intervalle d'un chant connu. Encore ceci est-il une amélioration introduite par Wilhem dans sa méthode et dont les autres ne font pas usage, afin peut-être de rester plus conséquentes que Wilhem avec leur principe commun, le *son absolu*. On peut conclure des observations précédentes que dans l'enseignement de l'intonation musicale, c'est surtout à l'oreille qu'il faut s'adresser; et si l'on y fait attention, on reconnaîtra que le succès d'une méthode dépend surtout des moyens qu'elle emploie pour impressionner cet organe; on reconnaîtra aussi que toutes sont frappées d'impuissance lorsqu'elles s'écartent de cette voie pour s'adresser seulement à l'intelligence, c'est-à-dire lorsqu'elles essaient de faire l'éducation de l'oreille par la théorie.

La méthode Galin offre un exemple remarquable de cette vérité.

En effet, si elle l'emporte sans contredit sur toutes les autres par la promptitude de ses résultats, elle doit son succès à l'emploi des prénotions, au moyen desquelles elle s'adresse surtout à l'oreille; elle perd ses avantages lorsque, abandonnant ce système, elle s'adresse plûtôt à l'intelligence pour lui demander des analyses qui sont très souvent au-dessus de la portée des enfants.

Le même principe qui rend cette méthode supérieure aux autres dans l'étude du Ton modèle, devait aussi lui assurer la suprématie dans l'étude des autres Tons *effectifs*, puisque dans ces tons ce sont les mêmes rapports à étudier que dans le premier; mais elle s'est écartée de son principe et a été aussitôt frappée d'impuissance. C'est alors que ne pouvant vaincre la difficulté, on a essayé de l'éluder.

Les résultats que je viens de signaler, se reconnaissent aussi quelquefois dans la méthode Wilhem.

Les raisonnemens, les calculs de la théorie conviennent peu aux enfants; ce qu'il leur faut, ce sont des faits, c'est-à-dire de la pratique, beaucoup de pratique, et la théorie ensuite. Il faut les diriger particulièrement vers l'étude de l'intonation; car on l'a dit avec raison, il faut plus de temps pour qu'un élève puisse exprimer le rapport qui existe entre deux points noirs sur la portée, qu'il n'en faut pour comprendre la valeur d'une division du temps.

Un des principaux motifs que font valoir les partisans de la méthode de transposition est la difficulté qui existe pour le lecteur d'exprimer au moyen de la même syllabe des idées aussi différentes, par exemple, que celles de *la*, *la* ♯ ou *la* ♭. On ne peut nier qu'il n'y ait là une cause de confusion de nature à arrêter les progrès des élèves.

Il y a longtemps que cette question est agitée; on a proposé divers moyens de la résoudre. Un des rédacteurs de l'Encyclopédie, M. Framery, avait proposé de donner un nom particulier à chacune des séries des notes naturelles, dièses ou bémols. C'était quelque chose, mais ce palliatif était loin d'avoir une puissance telle que son auteur le supposait. M. Aimé-Paris, disciple et successeur de Galin, a le premier depuis longtemps introduit dans son enseignement, cette innovation que Galin n'avait pas osé adopter.

Cette question a été pour moi l'objet de sérieuses préoccupations, et j'espère que la manière dont je l'ai résolue sera accueillie par tous ceux qui pensent, avec Galin et avec MM. Paris et Chevé, que chaque idée doit être représentée par un signe spécial si l'on veut éviter la confusion que jette nécessairement dans l'esprit l'emploi des mêmes signes pour exprimer des idées différentes.

Après avoir indiqué les lacunes qui, à mon point de vue, existent dans les méthodes les plus répandues, il me reste à dire comment je crois pouvoir les remplir; c'est ce que je vais essayer de faire de la manière la plus succincte.

EXPOSÉ

DE QUELQUES MOYENS PROPRES A AMELIORER LES METHODES EN USAGE.

DES PRÉNOTIONS (1).

Nouvelle manière de les utiliser.

On dit tous les jours que la musique est une langue. Or, le but de ceux qui veulent apprendre une langue est de pouvoir, par son moyen, exprimer ou comprendre des idées qu'ils peuvent exprimer ou comprendre dans leur langue maternelle. De même ceux qui veulent apprendre la langue musicale doivent avoir pour but d'exprimer et de comprendre, sous les signes parlés ou écrits dont se compose l'idiôme musical, les idées musicales qu'ils possèdent; car, il faut le redire, tous ceux qui chantent, bien ou mal, possèdent des idées musicales et les expriment, soit par les paroles d'une chanson, soit de toute autre manière.

Qu'on suppose un homme transporté tout d'un coup au milieu d'un pays dont la langue lui est inconnue. Il retiendra d'abord quelques mots et les combinera ensemble de toutes les manières possibles, puis il en retiendra d'autres qu'il combinera avec les premiers, et ainsi de suite. Chaque expression qu'il apprendra donnera lieu dans son esprit à de nouvelles combinaisons de plus en plus multipliées; c'est là une méthode naturelle et dont les résultats sont certains.

C'est par des moyens analogues que je propose d'enseigner l'intonation musicale. Il est peu de personnes, même d'une organisation musicale défectueuse qui, dans les nombreux airs populaires que l'on entend chaque jour, n'ait retenu et ne puisse reproduire correctement avec la voix au moins une phrase contenant cette succession de quatre notes : *sol, la, si, ut.* Cette idée musicale, considérée comme une connaissance prénotionnelle, peut servir d'introduction à l'étude du langage musical. En effet, elle permet d'exercer l'élève sur ces quatre notes, et à le familiariser avec les intervalles qui résultent de leurs diverses combinaisons.

Si l'on remarque maintenant que les rapports des notes *sol, la, si, ut* entre elles sont semblables à ceux qui existent entre les notes *ut, ré mi, fa,* on comprendra que l'élève doit étudier ces dernières notes, non pour apprendre des rapports nouveaux sur des syllabes nouvelles aussi, mais simplement pour appliquer de nouvelles syllabes à des rapports connus.

Afin de rendre cette opération plus facile, je réunis dans une petite phrase musicale, que

---

(1). Pour prévenir toute équivoque, je citerai ici, sur le mot *prénotion*, une remarque judicieuse que j'emprunte à **M.** Lemare (*Cours de Langue latine*, 4e édition, page 377) :

« Nous prenons le mot *prénotion* dans le sens du latin *prenotio*, qui signifie connaissance anté-« rieure. C'est ainsi que l'a employé Bacon dans son *Novum Organum*, pour exprimer une connais-« sance certaine, précédemment acquise et qui peut servir de base à de nouvelles connaissances. Nous « espérons que l'Académie fera disparaître de la nouvelle édition de son Dictionnaire cette défini-« tion étrange, et également contraire à l'analogie et à l'usage des grands écrivains : « La *prénotion* « est la connaissance obscure et superficielle qu'on a d'une chose avant de l'avoir examinée. »

j'appelle *formule*, les diverses combinaisons binaires de *ut* avec *sol*, *la*, *si*; et je lui fais apprendre sur les syllabes *ut*, *ré*, *mi*, *fa* cette formule dont, je n'ai pas besoin de le dire, je lui présente la transposition écrite. Je lui fais ensuite réunir les deux tétracordes; il chante d'abord le premier *sol*, *la*, *si*, *ut*, et, prenant le son de cet *ut* pour point de départ, je lui fais chanter le tétracorde *ut*, *ré*, *mi*, *fa*. (Voir le 1er tableau.)

Reprenant le premier tétracorde *sol*, *la*, *si*, *ut*, j'y ajoute le *ré* du deuxième, et, par cette addition, je puis bientôt familiariser l'élève avec les intervalles de *ré* à *ut*, *si*, *la*, *sol*, surtout lorsque, après un premier exercice, j'ai pu lui faire apprendre une nouvelle formule qui les contient tous. Cette seconde formule servira, par sa transposition écrite sur les notes *ut*, *ré*, *mi*, *fa*, *sol*, à lui apprendre aussi les rapports de *sol* à *fa*, *mi*, *ré*, *ut*, et par conséquent la succession complète des notes de la gamme : *ut*, *ré*, *mi*, *fa*, *sol*, *la*, *si*, *ut*, qu'il ne pouvait chanter plutôt, ne connaissant pas le rapport de *fa* à *sol*.

De même une formule contenant les diverses combinaisons binaires de *mi* avec *ré*, *ut*, *si*, *la*, *sol*, transposée sur les notes *ut*, *ré*, *mi*, *fa*, *sol*, *la*, dont les rapports sont identiques, lui servira à se familiariser avec ces deux hexacordes.

De cette manière, on le voit, l'élève se sert toujours de ce qu'il sait pour apprendre ce qu'il ne sait pas. Il ne fait qu'appliquer des noms nouveaux à des idées qui lui sont devenues familières.

Les formules qu'il apprend à l'aide de ce qu'il savait antérieurement deviennent autant de *connaissances prénotionelles*, et lui servent à leur tour à en acquérir de nouvelles.

Cette manière d'utiliser les prénotions a, selon moi, un grand avantage sur celle de Galin. Elle permet de réunir dans un cadre très restreint tous les intervalles sur lesquels on veux fixer l'attention de l'élève, au lieu que, dans les airs populaires traduits par Galin, en chiffres ou autrement, c'est le hasard seul qui les assemble, et on ne parvient pas aisément, même en prenant un grand nombre d'airs, à trouver tous les intervalles de la gamme, et, dans tous les cas, les uns sont répétés très fréquemment et les autres très rarement. En outre, il est difficile de trouver un certain nombre d'airs qui soient connus de tous les élèves; la plupart des airs populaires sont, du reste, altérés soit par la tradition, soit par la fantaisie de chaque chanteur.

Les élèves doués d'une bonne organisation, l'expérience me l'a démontré, n'éprouvent pas plus de difficulté à apprendre une *formule* musicale, qu'il n'en auraient, le plus souvent, à rectifier dans leur mémoire des airs appris par tradition. Quant aux organisations défectueuses, chez lesquelles je ne suppose aucune connaissance prénotionnelle, et qui ne peuvent apprendre qu'au moyen de fréquentes répétitions, l'avantage est encore pour les formules à cause de leur brièveté.

On voit que, même pour le ton d'*ut*, l'emploi des formules tel que je l'indique a tous les avantages des airs populaires considérés comme connaissances prénotionnelles, et qu'il n'en a pas les inconvénients.

L'élève ayant acquis une assurance convenable à l'intonation des intervalles du ton d'*ut*, et de son mineur relatif *la*, il faut le préparer à l'étude des tons par dièses et par bémols. J'ai déjà dit que cette partie de l'étude de l'intonation avait d'abord été le but de mes recherches, et que, par extension, j'avais appliqué à l'étude du ton d'*ut* les moyens que j'avais découverts pour apprendre les autres tons. On peut donc dès à présent conclure que les moyens qui me restent à décrire sont de même nature que les précédents. Néanmoins, vu l'importance du sujet, je crois utile de lui consacrer un chapitre spécial.

DE L'ÉTUDE DES TONS PAR DIÈSES ET PAR BÉMOLS.

Avant d'exposer les moyens que j'ai reconnus propres à faciliter cette étude, je vais examiner, à mon point de vue, la nature et le nombre des difficultés à vaincre. Il est toujours bon de mesurer le champ que l'on doit parcourir.

Toutes les méthodes disent : le ton d'*ut* majeur est le modèle de tous les autres tons majeurs ; or, dans le ton d'*ut*, l'échelle est composée de sept notes. Les rapports de chacune de ces notes, avec les six autres étant connus, supposons qu'il s'agisse d'étudier le ton de *fa*, avec un bémol ; il n'y a qu'une seule altération dans l'échelle, c'est-à-dire que les six notes non altérées, *fa*, *sol*, *la*, *ut*, *ré*, *mi*, conservent entre elles les mêmes rapports qu'auparavant, abstraction faite de leurs nouvelles propriétés de tonique, médiante, etc. Il n'y a donc réellement à étudier que les rapports du nouveau son *si* ♭, avec les six autres. (Tableau N° 3).

Le Tableau N° 4 contient le ton de *si bémol*, qui présente à étudier les rapports de *mi* ♭ avec les autres degrés de la gamme ; mais il faut remarquer que le rapport de *mi* ♭ à *si* ♭, est déjà connu, puisqu'il est le même que celui de *mi* à *si* naturels ; c'est donc seulement cinq rapports.

Dans le Tableau 5, le ton de *mi bémol* présente à étudier les rapports de *la* ♭ avec les autres degrés de la gamme, sauf *si* ♭, et *mi* ♭ dont les rapports sont identiques à ceux de *la* à *mi* et *si* naturels ; il ne reste donc en réalité à étudier que quatre rapports.

Ainsi, plus on avance dans la série des tons par bémols, moins les rapports à étudier sont nombreux. Ce sont toujours les rapports du dernier bémol avec les notes qui restent naturelles de la série des quintes descendantes *si*, *mi*, *la*, *ré*, *sol*, *ut*, *fa*.

De telle sorte, par exemple, qu'arrivé au ton de *sol* ♭ avec six bémols, on n'a à étudier que les rapports de *ut* ♭ à *fa* naturel. Or, chaque ton par bémols ayant dans les tons par dièses un ton corrélatif c'est-à-dire, dont la tonique est placée sur la même ligne de la portée, et dont, par conséquent, les notes de même nom représentent des rapports semblables, il en résulte que pour apprendre, en suivant la progression indiquée dans cet ouvrage, les tons de *sol* ♭ et de *sol* naturel identiques *pour la voix,* il faudra le sixième seulement du temps qu'il faudrait pour apprendre le seul ton de *sol* naturel, en suivant la marche ordinaire qui consiste à étudier les rapports du *fa* ♯ avec les six autres degrés de la gamme.

Le même raisonnement peut s'appliquer aux autres tons. Ainsi le ton de *ré bémol* ne présente d'intervalles nouveaux que ceux du *sol* ♭ à *fa* et *ut* naturel. Le ton de *ré*, au contraire, présenterait ceux d'*ut* ♯ à *sol*, *ré*, *la*, *mi*, *si*, c'est-à-dire cinq rapports.

Il est bien entendu que je suppose connus les tons qui précèdent ceux qui sont l'objet de mes observations.

La difficulté ne vient donc ni de l'espèce des rapports, qui sont les mêmes dans tous les tons, ni de leur nombre, qui va toujours en décroissant, ainsi qu'on vient de le voir.

Maintenant, comment étudier les intervalles résultant de l'introduction dans l'échelle musicale d'un dièse ou d'un bémol ? Dans les méthodes usuelles, on donne pour l'étude du ton d'*ut* la nomenclature des intervalles de même espèce, secondes, tierces, quartes, etc. Ce système n'est pas exempt de défauts, mais enfin il conduit quelquefois au but. Pourquoi ne procède-t-on pas de même pour l'étude des dièses ou des bémols ? On semble s'en rapporter au hasard du soin d'enseigner les intervalles qui résultent de l'introduction successive de ces accidents. Cependant ces intervalles devraient être étudiés comme les autres ; ils ne sont pas moins difficiles comme rapports, et ils ont une difficulté de plus que ceux du ton d'*ut*, celle qui résulte de l'emploi de la même syllabe pour exprimer des idées si différentes entre elles que celle d'un *fa* ♯ et d'un *fa* ou d'un *si* et d'un *si* ♭, etc., circonstance qui porte l'élève à comparer les deux sons, ce qu'il devrait toujours éviter, ces sons n'ayant aucune affinité entre eux.

Ces réflexions m'ont conduit à la solution suivante :

LES PRENOTIONS APPLIQUEES A L'ETUDE DES DIÈSES ET DES BEMOLS.

Le ton de *sol* avec *fa* ♯ conserve six notes communes avec le ton d'*ut*; ces notes sont : *sol, la, si, ut, ré, mi.* Si le ton de *sol* ne contenait que ces six notes, on n'éprouverait pas plus de difficulté à solfier dans ce ton que dans le ton d'*ut* ; mais on ne connaît pas, ou du moins on n'est pas familiarisé avec les intervalles qui résultent de la combinaison du *fa* ♯ avec *sol*, avec *la*, avec *si*, etc.; cependant on sait que ces intervalles sont semblables à ceux de *si*, à *ut*, à *ré*, à *mi*, etc., ou, en termes plus généraux, on sait que les rapports existant entre la sensible *fa* ♯ et les autres degrés de la gamme de *sol* sont semblables à ceux de la sensible *si* avec les divers degrés de la gamme d'*ut*. D'où il suit que les intervalles résultant de la combinaison de la sensible *si* avec chacun des degrés de la gamme, *ut, ré, mi, fa, sol, la*, donnent le modèle de ceux qui résultent de la combinaison de *fa* ♯ avec *sol, la, si, ut, ré, mi*, ou enfin d'une sensible quelconque avec les divers degrés de la gamme dont elle fait partie.

J'ai réuni toutes ces combinaisons dans quatre *formules* musicales, Tableau 2, N° 10 à 13. Ces intervalles dans le ton d'*ut* ont été assemblés par un rhythme simple et facile à retenir, ce qui permet à l'élève de concentrer toute son attention sur une seule difficulté, celle de l'intonation des intervalles dans chaque nouveau ton. Il n'a plus alors qu'à appliquer des noms nouveaux à des idées qui lui sont familières, et la connaissance des tons par dièses est réduite à un nombre de répétitions plus ou moins fréquentes (selon l'organisation de l'élève) des exercices pratiques basés sur cette théorie.

Le même raisonnement peut s'appliquer aux tons par bémols. Ainsi le ton de *fa* avec *si* ♭ conserve les six notes *fa, sol, la, ut, ré, mi* communes avec le ton d'*ut*. Le ton modèle étant connu, les rapports qui existent entre ces six notes ne présentent pas de difficultés. Il reste à se familiariser avec les rapports qui existent entre le *si* ♭ sous-dominante du ton de *fa* et les autres degrés de cette gamme. Ces rapports ne sont autres que ceux de la sous-dominante *fa* du ton d'*ut* avec les notes *ut, ré, mi,* et *sol, la, si.* Donc, les intervalles résultant de la combinaison de ces diverses notes avec *fa*, donnent le modèle de ceux qui résultent de la combinaison du *si* ♭ avec les autres degrés de la gamme de *fa* ; ou enfin de la combinaison d'une sous-dominante quelconque avec les autres degrés de la gamme dont elle fait partie.

Ces diverses combinaisons ont aussi été réunies par un rhythme simple, en quatre formules musicales, N° 6 à 9, Tableau 2.

Si l'on se rend bien compte de la génération des tons, on comprendra de quel secours peuvent être ces formules écrites dans tous les tons pour se familiariser avec les effets de chaque nouveau dièse ou de chaque nouveau bémol. L'élève les consulte à volonté jusqu'à ce qu'il ait acquis toute l'assurance possible à l'intonation des intervalles.

La moitié de ces formules peut suffire pour atteindre le but avec célérité et certitude. On sait que chaque ton par dièses correspond à un ton par bémols, et qu'il n'y a aucune différence entre les rapports dont ils sont composés. Il est donc superflu de faire une étude spéciale de chacun. Il suffit de se rappeler qu'en étudiant le ton de *sol* avec *fa* dièse, on étudie, en même temps le ton de *sol* ♭ avec six bémols, qu'en étudiant le ton de *ré* avec deux dièses on étudie en même temps le ton de *ré* ♭ avec cinq bémols, et on s'habituera ainsi à reconnaître que les notes qui sont diésées dans un ton par dièses sont naturelles dans le ton par bémols correspondant et que les notes naturelles dans l'un sont bémols dans l'autre. Qu'on fasse des exercices en conséquence pour solfier dans tous les tons soit par dièses, soit par bémols, et on n'aura besoin de faire une étude spéciale et pratique que des uns ou des autres. On abrégera ainsi de près de moitié.

LES HOMONYMES APPLIQUES A LA DENOMINATION DES NOTES DIESEES ET BEMOLISEES

Beaucoup d'organisations heureuses parviendront au but par le seul secours des moyens décrits dans les chapitres précédents : mais un plus grand nombre n'y parviendrait encore que lentement à cause de cette confusion déja signalée qui provient de l'emploi usité de la même syllabe pour exprimer des idées si différentes entre elles que celle de *fa* et *fa*♯, *si* et *si* ♭, etc. Cette confusion est d'autant plus difficile à éviter, qu'avant de savoir qu'il existe un *fa* ♯ l'élève a déja contracté l'habitude d'appliquer à ce nom de *fa* l'idée invariable, ou plutôt la propriété de sous-dominante du ton d'*ut*.

La confusion est donc le résultat de l'insuffisance des signes, et la preuve, c'est que, si, comme l'a proposé Galin, et comme l'a mis en pratique un de ses disciples, M. Aimé Paris, on change la syllabe *fa* représentant *fa* ♯ en une syllabe d'une autre terminaison, comme *fè*, par exemple, ou le *si* ♭, qu'on appelle *si*, en *seu*, en faisant observer que le *fa* ♯ produit le même effet contre le *sol* que le *si* contre *ut* et que le *si* ♭ fait contre *la*, comme *fa* contre le *mi* de la gamme d'*ut* : on verra cesser l'hésitation, et il ne faudra pas plus de temps pour connaître les rapports du *fa* ♯ et du *si* ♭ avec les autres degrés des gammes de *sol* et de *fa* qu'il n'en aura fallu pour se familiariser avec les rapports de *si* et de *fa*, aux autres degrés de la gamme d'*ut*.

On a conclu de là qu'il faut une triple dénomination pour chaque note, selon qu'elle est dièse, naturelle ou bémol ; c'est ce qui a été proposé par plusieurs auteurs et appliqué, je l'ai déjà dit, par M. Aimé Paris, dans son enseignement d'après la méthode Galin. Comme ce système n'a pas été adopté généralement, et qu'à côté de ses avantages il a aussi quelques inconvénients que je n'ai pas à examiner ici, je me suis appliqué à chercher un autre moyen d'arriver au même résultat. De même que pour l'intonation j'avais réussi à trouver des moyens pratiques conformes aux idées reçues, je désirais, quant à l'appellation des notes, me conformer aussi à l'usage, tout en poursuivant le but que me j'étais proposé, de faire cesser la confusion des idées dans l'esprit de l'élève. Voici le résultat de mes recherches et par quel raisonnement j'y ai été conduit.

Si, par un changement de syllabe, l'élève acquiert bientôt de l'assurance à l'intonation d'un dièse ou d'un bémol, cela vient de ce que la nouvelle syllabe lui fait oublier celle qui représente la note naturelle correspondante, et que, dès lors, il n'est plus porté à comparer deux sons qui n'ont aucune affinité entre eux, ce qui est conforme à ce qui a été dit à ce sujet.

Il faut donc rendre les idées de dièse et de bémol, ou de note naturelle distinctes dans l'esprit de l'élève ; mais n'est-il pas possible de parvenir à ce résultat sans employer des syllabes différentes de celles dont on se sert dans la gamme naturelle ? Il est si difficile de changer ce qu'un long usage a consacré, que les idées les plus utiles, si elles heurtent trop celles qui ont cours, réussissent rarement ou avec beaucoup de difficulté.

Ces considérations m'ont fait penser qu'en matérialisant, pour ainsi dire, dans l'esprit de l'élève l'idée du dièse ou du bémol, on obtiendrait les avantages qui résultent de l'emploi des syllabes distinctes sans en avoir les inconvénients.

Il y a dans notre langue une foule de mots qui se prononcent de la même manière, et cependant représentent plusieurs idées; pour celui qui s'en sert, il n'y a ni embarras, ni confusion, parce que dans son esprit les signes ou mots correspondent à des idées connues. Que l'on entende les mots *saint, seing, sein, sain, ceint*, il sera impossible à l'audition de ces syllabes d'assigner à chacune d'elles son véritable sens; mais s'il y a confusion pour celui qui écoute, il n'y en a pas pour celui qui parle. Que l'on prononce soi-même les cinq mots cités, et chacun d'eux recevra sa véritable signification.

C'est cette analogie phonique, cette espèce d'homonymie, que j'ai pensé à utiliser pour fixer dans l'esprit l'idée du dièse ou du bémol, et détourner ainsi de la fâcheuse tendance qu'on a de comparer ces accidents aux notes naturelles. Voici comment se fait dans la pratique l'application de cette théorie.

Pour étudier les rapports qui existent dans le ton de *sol*, par exemple, entre *fa* ♯ et les autres notes de la gamme, on continue à dénommer cette note *fa* comme dans l'usage, et, afin que cette syllabe ne rappelle pas la quatrième note de la gamme d'*ut*, on lui donne mentalement une signification particulière, comme celle de *face*, par exemple, en ayant soin de prononcer sans faire sentir la syllabe finale *ce*. Cette opération sera toujours plus facile pour les élèves qui n'auront pas déjà étudié la musique et pris l'habitude de comparer, même involontairement, le *fa* ♯ au *fa* naturel.

Dans le ton de *fa*, on appellera le *si* ♭, *si* comme dans l'usage; mais pour éviter le souvenir que cette syllabe ramène de la septième note de la gamme d'*ut*, on lui donnera mentalement la signification de *scie* (outil), et on aura dans l'esprit une distinction matérielle des deux idées dont l'une n'est pas encore familière et a besoin d'être bien séparée de l'autre.

Chacun peut donner à ces accidents la signification qui lui convient, ayant l'attention toutefois, de choisir dans les mots de la langue ceux qui ont le même son et la même articulation que les syllabes de la gamme auxquelles ils doivent correspondre. Ils est essentiel de s'habituer dès le commencement de l'emploi de ces syllabes à ne les prononcer qu'en leur donnant la signification matérielle qu'on aura choisie, puisque cette signification doit réveiller l'idée du dièse ou du bémol. Il arrivera le plus souvent qu'après une certaine pratique on n'aura plus besoin de ces moyens, pour ainsi dire artificiels, parce qu'alors on pourra émettre les intonations *connues*, sans leur secours; on les émettrait de même sans celui des syllabes ordinaires comme cela se pratique dans la vocalisation. On sera même porté à croire ces moyens superflus; c'est un échafaudage qu'on renversera lorsqu'il aura servi à élever l'édifice.

Quoiqu'il en soit, j'indique ce moyen dans l'intérêt de ceux qui ont peu de temps à consacrer à l'étude de la musique, et je ne crains pas d'affirmer que de deux organisations égales, celle qui se servira des homonymes atteindra le but en moitié moins de temps que celle qui aura dédaigné de s'en servir.

Voici une nomenclature de mots que l'on peut appliquer à la dénomination des notes.

NOTES NATURELLES	*fa,*	*ut,*	*sol,*	*ré,*	*la,*	*mi,*	*si.*
DIÈSES	*face,*	*hue,* (intejection)	*sol,* (terre)	*raie,* (trait)	*lac,*	*mic,* (abréviation d'amie)	*scie.* (poisson)
BÉMOLS	*fat.*	*hutte,* (maisonnette)	*saule,* (arbre)	*raie,* (poisson)	*la,* (diapason)	*miss,* (mot anglais signifiant demoiselle)	*scie.* (outil)

NOTE

SUR L'ENSEIGNEMENT DE LA THÉORIE DES INTERVALLES, DE LA FORMATION DES TONS ET DES MODES MAJEURS ET MINEURS, DE L'USAGE DES CLEFS, ETC.

Ces diverses parties de la musique élémentaire offrent, en général, peu de prise à la mémoire ; les faits qui les composent sont comme les chiffres, d'une nature très fugitive. On ne s'en rend maître que par une pratique longue et assidue. C'est donc épargner aux jeunes élèves beaucoup de peine et de temps, que de leur donner le moyen de les classer dans leur intelligence, sans effort et d'une manière durable.

Les Méthodes que j'ai examinées ont, à cet effet, recours à divers moyens, tels que les phrases mnémoniques employées par MM. Paris et Chevé, ou les mains musicales, l'indicateur vocal de Wilhem, etc.

Dans le même but, et quoique ce sujet soit en dehors du cadre de cet ouvrage, j'offre ici au public la description abrégée d'un système nouveau, dont la puissance me paraît ne laisser rien à désirer.

Le moyen le plus sûr de retenir une série de faits n'ayant aucune liaison entre eux consiste, on le sait, à les diviser par groupes en contenant un petit nombre. La division par trois semble être la plus favorable ; dans ce cas, l'œil devient un utile auxiliaire de l'intelligence.

On n'éprouve aucune difficulté à distinguer, soit à l'aide du regard, soit par la pensée, les deux extrémités du diamètre d'un cercle, en même temps que son point central. De même on peut distinguer les deux côtés d'un édifice et son entrée, ou, ce qui est la même chose, sa base, son sommet et à la fois le milieu de sa hauteur. Cette faculté de notre intelligence peut être utilisée dans l'étude de la théorie musicale de la manière suivante :

En formant un tableau composé de deux carrés l'un au-dessus de l'autre. Chacun de ces carrés étant ensuite divisé en trois parties égales, ils forment, réunis, six parallélogrammes superposés. On place alors le chiffre 1 au-dessous du milieu du carré inférieur, pour représenter l'unisson d'une note quelconque ; les chiffres 2, 3, 4, placés dans les compartiments du premier carré, indiqueront les intervalles de seconde, tierce et quarte, et les chiffres 5, 6, 7, placés dans les compartiments du deuxième carré, indiqueront la quinte, la sixte et la septième. Le chiffre 8 placé au-dessus du carré supérieur, dans le milieu, représentera l'octave, et enfin le chiffre 9 placé au-dessus du chiffre 8 donnera la neuvième.

Il suffit d'un instant pour se familiariser avec ce tableau, et pour reconnaître le nom des intervalles, représentés dans chaque case par le chiffre correspondant au nom de l'intervalle.

Cette disposition générale, très claire pour chacun des intervalles contenus dans une octave, deviendrait confuse si l'on voulait en faire l'application spéciale à l'étude des intervalles contenus dans les sept octaves des notes de la gamme ; la confusion viendrait de ce que chacun des compartiments des carrés devrait successivement recevoir toutes les notes de la gamme. Pour obvier à cela, il faut rendre les carrés des sept tableaux, à partir de chacune des sept notes, distincts les uns des autres, comme on a fait à l'égard des compartiments des carrés ; on y parvient aisément en prenant pour représenter chacun des deux carrés de chaque tableau la vue dessinée d'un *monument* ou d'un *objet connu* des élèves, de manière à avoir en totalité quatorze monuments ou sujets différents les uns des autres, et dessinés de telle sorte que la base de chacun d'eux touche la base du carré qu'il occupe et son sommet la ligne supérieure.

Il faut placer ces tableaux symétriquement dans la salle où se fait le cours ; par exemple, trois d'un côté, trois autres du côté opposé, et enfin un dans le fond, derrière les élèves.

Pour rendre encore plus distincts les éléments dont se composent les tableaux, il convient de matérialiser les notes de la gamme, en les représentant par des sujets comme ceux indiqués dans le chapitre précédent, pour la série des bémols.

Scie, miss, la, raie, saule, hutte, fat.

Il est très avantageux de placer les tableaux des intervalles en se conformant à la succession des quintes, c'est-à-dire en plaçant le tableau des intervalles dont la première note est *si* à la gauche et en avant des élèves, puis en rétrogradant celui du *mi*, du *la*, du *ré*, qui est dans le fond, et ainsi de suite.

Il est bien de donner à chacune des figures qui représentent la même note un aspect varié autant que possible, soit par la forme des contours, soit par les couleurs. Il est bien entendu que le tout doit être d'une dimension convenable pour être aperçu distinctement à une certaine distance.

Pour distribuer les notes, ou plutôt les sujets qui les représentent dans chaque compartiment des carrés, on conviendra, pour distinguer les intervalles majeurs des mineurs, de placer, par exemple, les premiers à gauche et les seconds à droite.

Au moyen de la disposition que j'ai indiquée, il suffira d'un mot, lorsqu'on démontrera la génération des tons, pour que les élèves sachent qu'en consultant la succession des tableaux par la gauche ils obtiennent la série des bémols ou quintes descendantes, et qu'en la consultant par la droite ils obtiennent la série des dièses ou quintes ascendantes.

Ils sauront en outre qu'en se plaçant par la pensée en face du tableau d'*ut*, comme ton modèle et central, il suffit, pour connaître le ton indiqué par une armure quelconque de la clef, si cette armure est composée de bémols, de compter à partir d'*ut* et à gauche autant de quintes descendantes qu'il y a de bémols à la clef; si l'armure est composée de dièses, de compter à la droite d'*ut* autant de quintes ascendantes qu'il y a de dièses.

Chaque tableau peut ensuite servir à une étude plus approfondie de la formation des gammes, en plaçant, sur les tableaux, des dièses à toutes les notes qui en sont frappées, et en convenant de mettre à gauche, par exemple, tous les signes qui se rattachent aux tons majeurs par dièses, et à droite tous ceux qui constituent les tons majeurs par bémols. On rendra ainsi promptement familière aux élèves la corrélation qui existe entre les deux tons, l'un par dièses et l'autre par bémols, qui ont pour base la même ligne de la portée, et dont les degrés sont à une seconde mineure l'un de l'autre.

Des signes spéciaux serviront aussi à indiquer sur chaque tableau les altérations qu'il faut faire subir à une gamme majeure pour former son mineur relatif ou son mineur même base.

J'ai dit (page 10) que l'on doit en lisant une clef quelconque, appliquer aux lignes de la portée les *noms absolus* qui lui sont attribués par la clef. Les tableaux, tels que je viens de les décrire, peuvent contribuer d'une manière remarquable à obtenir ce résultat. En effet, chacun d'eux est composé de neuf degrés comme la portée, par conséquent les tableaux ayant pour base les sept notes de la gamme correspondent aux sept clefs.

Si les figures des tableaux ont été convenablement espacées, on pourra donc tracer des lignes pour figurer la portée et rendre visibles les rapports de chaque tableau à la clef qui lui correspond. Dans tous, la première ligne de la portée correspondra à l'unisson, la deuxième à la tierce, la troisième à la quinte, la quatrième à la septième et la cinquième à la neuvième, etc. Les élèves connaissant bien les tableaux, il leur faudra peu de temps pour lire les clefs, sinon avec rapidité d'abord, du moins avec assurance; ils seront dans les conditions voulues pour cela, car ce système a la propriété, en concentrant toute leur attention sur un point, d'écarter de leur esprit tout ce qui ne se rattache pas au tableau qu'ils consultent par la pensée.

Pour rendre plus clair ce qui précède, je donne ici le tableau des intervalles à partir de la note *ré*, qui correspond à la clef d'*ut* quatrième ligne. Cela suffira pour faire comprendre comment les autres doivent être composés. — Je ne puis, dans cette courte notice, qu'indiquer d'une manière générale les avantages de ces tableaux; mais toutes les personnes qui en feront usage découvriront, en les examinant, une foule de particularités qui échappent autrement.

Je répète ici que je donnerai avec le plus grand plaisir tous les renseignements que l'on pourra désirer à ce sujet.

TABLEAU DES INTERVALLES

A partir de la note ré, *correspondant à la clef d'*ut *quatrième ligne.*

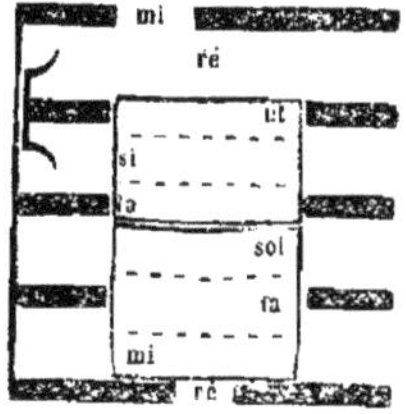

GUIDE

DES EXERCICES CONTENUS DANS LES 8 TABLEAUX

DE

L'INTONATION MUSICALE.

AVANT-PROPOS.

La théorie élémentaire de la musique se trouvant dans les méthodes usitées, j'ai pu me dispenser, ainsi que je l'ai dit, de l'exposer ici puisque ce livre n'est destiné qu'à leur servir de complément. Je me bornerai donc à indiquer la marche à suivre dans l'étude des huit tableaux dont se compose l'*Intonation musicale*.

Mon travail est tout entier fondé sur le principe proclamé par Rousseau et depuis mis en pratique par Galin et ses successeurs, c'est-à-dire sur la relation des sons entre eux et non sur des sons fixes, absolus, qui n'existent pas dans la nature.

Une des conséquences de cette manière d'envisager les sons, c'est que l'on ne doit pas se préoccuper de savoir, comme on le fait trop souvent, si en chantant les syllabes de la langue musicale *ut, ré, mi, fa,* etc., on reproduit le son que dans l'usage on applique à chacune de ces syllabes, ou plutôt qui leur correspondent approximativement sur les instruments en général. Je dis *approximativement,* car il est bien rare de trouver deux instruments donnant le même son pour la même note, s'ils n'ont préalablement été accordés au même diapason. On peut donc borner ses soins à reproduire avec toute l'exactitude possible les *rapports* qui doivent exister entre les sons représentés par ces syllabes. On chantera celles-ci comme on ferait des divers couplets d'une chanson auxquels on applique le même air, c'est-à-dire, en donnant aux sons les rapports déterminés par l'air sans s'inquiéter de savoir s'ils correspondent aux touches d'un piano ou de tout autre instrument, ou s'ils sont plus graves ou plus aigus. Chacun chante les airs qu'il connaît dans les limites de sa voix. Il en doit être de même lorsqu'on se sert en chantant des syllabes de la langue musicale. Sauf le cas ou un son étant donné comme point de départ, tous ceux qui suivent doivent lui être subordonnés, ce qui arrive surtout quand la voix est accompagnée par un instrument, et dans l'exécution des morceaux à deux ou plusieurs parties, chaque voix devant, dans ce cas, être contenue dans des limites déterminées.

TABLEAU N° 1.

La langue musicale se compose, on le sait, de sept syllabes ou notes et de huit en comptant deux fois la première qui se repète pour servir de point de départ à une nouvelle série plus aiguë. Ces syllabes sont :

ut, ré, mi, fa, = sol, la, si, ut.

Cette nomenclature peut se diviser, comme je l'indique, en deux parties, composées chacune de quatre sons, ayant entre eux des rapports identiques.

Ces rapports sont connus et exprimés par tous ceux qui peuvent chanter quelques uns de nos airs populaires, seulement ils ne savent pas leur appliquer les syllabes qui leur correspondent dans l'idiome musical.

Ainsi, il n'est personne qui ne puisse chanter au moins le commencement de l'air de la chanson si connue de *Malbrough* (1) dont la première phrase est en tête du Tableau N° 1. On trouve dans ce fragment la succession presque régulière des quatre notes *sol, la, si, ut*, ou, à volonté, des quatre autres *ut, ré, mi, fa*.

Qu'on substitue aux syllabes de la chanson celles des notes qui leur correspondent, en les chantant comme si elles commençaient un couplet, c'est-à-dire en leur donnant exactement le même air. [Il sera bien de faire répéter ce fragment par les jeunes élèves, assez souvent pour le leur graver dans la mémoire; puis de leur faire chanter cette même succession de notes , en modifiant la durée des sons de manière à habituer peu à peu les élèves à reproduire les rapports sans le secours de l'air. On obtient facilement ce résultat en s'arrêtant, tantôt sur une note, tantôt sur une autre, pour faire chanter ensuite la note précédente, ou toute autre contenue dans le fragment (2).

On les affermira sur ces diverses intonations en leur faisant chanter les deux exercices sur les trois notes *sol, la, si,* auxquels on ajoutera le premier exercice sur les quatre notes *sol, la, si, ut*.

On joindra à l'étude de ces quatre notes, celle de la formule N° 1 (3) qui con-

---

(1) On conçoit que si j'indique ce chant populaire c'est seulement parce qu'il est un des plus connus; mais on trouverait une foule d'autres airs, ou fragments d'airs, commençant par les mêmes notes , et dont on pourrait se servir de la même manière.

(2) Dans une école cet exercice doit être fait sur un tableau, en indiquant les syllabes au moyen d'une baguette.

(3) J'ai adopté pour cette formule, de même que pour toutes les autres, la mesure à deux temps ; mais elle peut se lire comme si elle était écrite à quatre temps : il suffit pour cela de considérer les noires comme des blanches et les croches comme des noires. Je donne cette explication pour les élèves des méthodes usuelles. Ceux de la méthode Galin n'éprouveront aucune difficulté; ils ont l'habitude de décomposer chaque unité en deux parties égales, au moyen de deux mouvemens de la main. Ils remarqueront que j'ai adopté pour les formules la notation de Galin.

Toutes les autres formules étant écrites avec les mêmes signes de durée, je ne dirai rien de plus de ces signes pour ne pas sortir du plan de cet ouvrage.

lient les divers rapports de *ut* avec les notes précédemment étudiées *sol, la, si*. Plus on répétera la formule, plus on se familiarisera promptement avec les intervalles qu'elle contient. Je crois donc utile de dire qu'on ne saurait trop la répéter, même lorsqu'on la saura par cœur; et ce que je dis de celle-ci s'applique de même à celle qu'on apprendra ensuite. En un mot, il faut chanter les formules jusqu'à ce qu'on ait acquis toute l'assurance possible à l'intonation des intervalles.

Lorsqu'on saura la formule N° 1, on s'affermira sur les intonations qu'elle contient en étudiant l'exercice A (1). Après avoir étudié aussi le fragment de *Malbrough* sur les syllabes *ut, ré, mi, fa*, on chantera les deux tétracordes à la suite l'un de l'autre, comme ils sont notés, en ayant soin de donner à l'*ut*, qui est le son grave de *ut, ré, mi, fa*, le même son qu'à l'*ut* aigu de *sol, la, si, ut*.

On étudiera alors le premier exercice sur les cinq notes *sol, la, si, ut, ré*, dont on aura obtenu la succession par la réunion des deux tétracordes. Cet exercice préparera à l'étude de la formule N° 2 qui contient tous les rapports de *ré* avec les notes précédentes *ut, si, la, sol*.

On s'affermira sur les intervalles nouveaux contenus dans la formule N° 2, en la répétant et en étudiant l'exercice B qui contient des combinaisons des cinq notes *sol, la, si, ut, ré*, prises au hasard.

La réunion des deux tétracordes offre encore la possibilité d'ajouter la note *mi* à celles précédemment étudiées. Le premier exercice sur les six notes *sol, la, si, ut, ré, mi* a pour objet de préparer à l'étude de la formule N° 3 qui contient tous les rapports de *mi* avec *ré, ut, si, la, sol*. On s'affermira sur l'intonation de ces rapports en étudiant l'exercice C qui se compose de combinaisons de ces six notes prises au hasard (2).

Enfin, on joindra à cette étude celle de l'exercice C qui se compose des accords contenus dans l'hexacorde *sol, la, si, ut, ré, mi*.

(Voir page 29 l'instruction spéciale sur la manière dont ces accords doivent être étudiés.)

Le premier Tableau est terminé par les formules 1, 2 et 3 reproduites, la première sur les syllabes *ut, ré, mi, fa*, la deuxième sur *ut, ré, mi, fa, sol*, et la troisième sur *ut, ré, mi, fa, sol, la*. Je n'ai pas besoin d'ajouter que le but de ces formules est de familiariser avec les intervalles contenus dans l'hexacorde *ut, ré, mi, fa, sol, la*, qui est exactement semblable à *sol, la, si, ut, ré, mi*, et de préparer à l'étude du Tableau N° 2.

On apprendra donc ces formules en même temps qu'on se fortifiera sur les intervalles que contiennent les exercices du premier tableau, de telle sorte que lors-

---

(1) Cet exercice, ainsi que tous ceux de même nature, peuvent être lus de droite à gauche, aussi bien que de gauche à droite: cela double le nombre des combinaisons pour le même exercice.

(2) Les exercices A B C faits sur des notes prises au hasard, et n'ayant aucun sens rhythmique ou mélodique, forcent la mémoire à retrouver les intervalles qui se présentent, au moyen des formules qui les contiennent tous.

qu'on passera à l'exercice du Tableau N° 2, on sera déjà familiarisé avec une partie
des intervalles nouveaux qu'il contient.

On comprend sans doute maintenant le but des formules. Chacune d'elle devient
une connaissance prénotionnelle qui sert à acquérir de nouvelles connaissances de
la manière la plus sûre et la plus rapide possible. Je dirai donc encore une fois qu'on
ne saurait mettre trop de soin à les étudier et trop de persévérance à les répéter ;
on en sera amplement dédommagé par les résultats qu'on obtiendra.

L'expérience prouvera bientôt à ceux qui l'essaieront que par l'usage des formules, tel que je l'indique, les organisations les plus rebelles se corrigent et s'amé-
liorent en peu de temps d'une manière très remarquable. Il faut donc faire per-
sévérer les jeunes élèves qui se trouvent dans cette catégorie, et loin de les exclure
des classes de chant, les encourager à suivre et à écouter attentivement leurs
camarades. De cette manière, ils parviendront à retenir les premières formules.
Ce premier pas est le plus difficile à franchir ; on verra ensuite des élèves dont on
croyait ne devoir rien attendre, faire des progrès et parfois dépasser leurs camarades mieux dotés par la nature.

Je n'ai pas parlé de la manière de prendre ou de donner le ton pour l'étude des
exercices précédents ; toutefois ce que j'ai dit des sons en général a pu servir de
guide à cet égard.

On conçoit que la nature des exercices contenus dans ce Tableau et dans tous
ceux dont se compose l'*Intonation musicale* en rendrait l'étude impossible au plus
grand nombre, s'ils devaient être solfiés dans le ton effectif indiqué par la clef,
c'est-à-dire, en attribuant à chaque note le son qui lui correspond sur un instrument, comme le piano par exemple, dont on suppose que les sons doivent être
invariables. Pour la voix, je l'ai déjà dit. il n'y a entre les sons que des rapports
qu'il lui est aussi facile d'émettre en prenant pour point de départ un son ou un
autre, pourvu que les limites de ces rapports soient comprises dans celles du diapason, ou de l'étendue de la voix. On peut donc à cet égard prendre une entière li-
berté, et comme les exercices ne dépassent pas l'étendue d'une octave, on peut les
étudier dans le médium de la voix lorsqu'on étudie seul.

Lorsque les exercices sont exécutés par un grand nombre d'élèves, il y a toujours
parmi eux des voix de différentes espèces, c'est-à-dire les unes graves et les autres aiguës.

Dans ce cas, je pense que pour les exercices en général on fera bien de prendre pour la limite grave un des sons *si, ut, ré,* d'après le diapason ou l'octave de
ces sons pour la limite aiguë.

Ainsi, par exemple, les six notes *sol, la, si, ut, ré, mi,* dont les extrêmes forment
l'intervalle de sixte, pourront être solfiées en donnant à la limite grave *sol* le son
du *si* du diapason, ou de l'*ut*, ou du *ré*. Si l'on veut prendre la limite aiguë qui
est *mi*, le nom de cette note pourra être appliqué au son de l'octave de l'une des
trois notes *si, ut, ré*.

On fera bien de varier les tons dans ces limites, afin de ne pas habituer les voix à chanter toujours dans le même ton effectif : mais il faut éviter de prolonger les exercices qui vont aux limites extrêmes, parce qu'ils fatiguent les élèves et les forcent à crier, sans aucune utilité pour leur instruction. Par conséquent les exercices qui devront être de quelque durée seront toujours faits dans le médium de la masse des voix, afin de les ménager.

En dehors de l'école, l'élève peut s'exercer dans toute l'étendue de sa voix, en chantant des gammes, des accords, etc. Il aura du reste assez d'occasions de le faire dans la pratique en lisant et en exécutant la musique du jour, qui est trop souvent écrite pour des voix exceptionnelles.

Ce que je viens de dire des notes *sol*, *la*, *si*, *ut*, *ré*, *mi* s'applique de même à *ut*, *ré*, *mi*, *fa*, *sol*, *la*, et aux autres séries que présentent les tableaux suivants.

TABLEAU N° 2.

Lorsque les formules 1, 2, 3, transposées sur les syllabes *ut*, *ré*, *mi*, *fa*, *sol*, *la*, auront été suffisamment étudiées, on s'affermira sur l'intonation des intervalles dont elles sont composées, en solfiant les exercices A, B qui commencent ce tableau.

A ces exercices, on joindra l'étude des formules 4 et 5. La première contient tous les intervalles de *mi* à *ré*, *ut*, *si*, *la*, et la deuxième tous ceux de *fa* à *mi*, *ré*, *ut*, *si*, *la*. Ces intervalles se trouvent déjà en partie dans les précédentes formules ; mais le but spécial de celles-ci est d'habituer l'oreille aux impressions du mode mineur. Afin de s'affermir sur les intervalles qui caractérisent ce mode, lorsqu'on aura appris les formules, on étudiera les exercices D et E.

A ceux-ci on ajoutera progressivement l'étude des exercices C et F. Simultanément on s'exercera sur les accords G de la manière prescrite dans l'instruction spéciale (page 29).

Enfin lorsqu'on aura acquis un peu d'assurance à l'intonation, on étudiera aussi les formules

6 à 9, contenant tous les intervalles de la note de *fa* aux autres degrés de la gamme, soit au-dessus, soit au-dessous (1) ;

10 à 13, contenant tous les intervalles de la note *si* aux autres degrés de la gamme, soit au-dessus, soit au-dessous ;

15 et 16 contenant les intervalles augmentés et diminués qui caractérisent le mode mineur. (On sait que le *sol dièse* est la note sensible du mode, et fait contre *la* comme le *si* contre *ut*, une seconde mineure.)

---

(1) Il convient d'appeler toute l'attention de l'élève sur l'étude de ces quatre formules à cause de l'importance du rôle qu'elles sont destinées à remplir ultérieurement. Quoique dans ces formules la plupart des intervalles soient préparés de manière à être attaqués sans difficulté, il peut s'en trouver qui embarrassent d'abord les élèves, tels que la septième *la*, *sol* de la deuxième mesure de la formule N° 7. Dans ce cas, il faut pour la première fois faire chanter les degrés intermédiaires qui séparent les deux notes, et faire répéter plusieurs fois les sons extrêmes afin d'en graver l'impression dans l'oreille.

Les formules qui précèdent contiennent tous les intervalles de la gamme jusqu'à l'octave inclusivement, à une ou deux exceptions près. Il en est de même des exercices non rhythmés, en comptant les accords dans leurs diverses combinaisons. On a déjà vu que ceux-ci sont destinés à servir de contrôle aux formules et à s'assurer qu'on possède réellement l'intonation des intervalles qu'elles contiennent.

Formules et exercices, du son le plus grave au son le plus aigu, ne dépassent pas une octave, afin que les voix les moins étendues puissent les étudier. Dans la pratique, les intervalles qui dépassent cette limite se présentent rarement, et sont toujours faciles à trouver lorsqu'on connait bien les autres.

TABLEAU N° 5.

Avant d'aborder l'étude de ce Tableau et des suivants, il faut que l'élève connaisse la théorie de la formation des tons. Il est important surtout de lui bien faire remarquer la corrélation qui existe entre les tons par dièses et ceux par bémols dont la tonique est placée sur la même ligne de la portée, afin de le convaincre qu'il n'est pas plus difficile de solfier dans un de ces tons que dans l'autre, les rapports entre les divers degrés des deux gammes restant les mêmes ; que, par exemple, solfier en *la bémol* avec quatre bémols est *pour la voix* la même chose que solfier en *la* avec trois dièses, de même que solfier en *ut dièse* ou en *ut bémol* n'est pas plus difficile que solfier en *ut* naturel.

Il faut aussi lui faire remarquer que les notes bémolisées d'un ton par bémols sont naturelles dans le ton par dièses correspondant, et que les notes naturelles sont diésées: d'où il résulte que le nombre des accidents constitutifs de deux tons dont la tonique est sur la même ligne de la portée est toujours égal à 7; qu'il en est de même des notes naturelles, et qu'enfin il n'y a d'autre différence entre les deux tons, si ce n'est que tous les degrés de la gamme par bémols sont à une seconde mineure au-dessous des degrés correspondants de la gamme par dièses.

L'élève comprendra alors qu'il suffit d'étudier un ton par bémol pour pouvoir solfier aussi dans le ton par dièses correspondant, et qu'il est superflu de faire une étude spéciale des deux.

Je renverrai le lecteur au chapitre (page 16) relatif à l'étude des tons par dièses et par bémols, afin de ne pas répéter ce qui a été dit à ce sujet.

Chacun des Tableaux 4 à 8, de même que le N° 3, commence par les quatre formules 6 à 9 transposées dans le ton à étudier, et à leur suite se trouvent les deux formules aussi transposées N° 4 et 5, qui ont pour but d'habituer l'oreille aux impressions du mode mineur.

Après une étude suffisante des formules 4 à 9, on s'affermira sur toutes les intonations qu'elles contiennent, au moyen des accords G et des exercices A, B, C, D, E, F.

Tous ces exercices sont, dans tous les tons, les mêmes que dans le ton d'*ut*, et il ne saurait en être autrement puisque ce sont les mêmes faits à étudier, sous d'autres noms. En faisant passer tous ces intervalles pour ainsi dire par la même filière, on voit qu'en effet la gamme d'*ut* est le modèle de toutes les autres.

Les numéros et les lettres qui accompagnent les formules et les exercices des Tableaux 3 à 8 sont les mêmes que ceux du N° 2 du ton d'*ut*, et 3 du ton de *fa*, auxquels ils servent de renvoi. Les chiffres indiquent le numéro des formules dans le ton modèle, et les lettres indiquent les exercices non rhythmés.

De même que le ton d'*ut* sert de modèle pour les intonations, il servira de guide, ainsi que le ton de *fa*, pour la manière d'étudier chacun des Tableaux suivants.

OBSERVATIONS

Il semble que, pour être conséquent avec ce qui a été fait pour le mode majeur, j'aurais dû donner pour le mode mineur des formules contenant tous les intervalles de la sensible aux autres degrés de la gamme mineure. Telle avait d'abord été mon intention. Toutefois j'ai pensé qu'il serait avantageux de restreindre le nombre des formules toutes les fois que cela serait possible, plutôt que de les multiplier sans une absolue nécessité. Si je me suis décidé à en donner seulement pour les intervalles augmentés et diminués qui caractérisent le mode, c'est que les autres intervalles de la sensible aux divers degrés de l'échelle mineure, et les irrégularités du mode se trouvent dans les formules et exercices du majeur même base et du majeur relatif.

Ainsi, par exemple, dans le ton d'*ut* mineur, 5ᵉ Tableau, les formules ne donnant que les rapports de *si* à *mi* ♭, *la* ♭ et *ut*, il manque les rapports de *si* à *ré*, à *fa* et à *sol*; mais ces intervalles se trouvent dans le ton d'*ut* majeur et les intervalles de la sensible abaissée se trouvent dans le ton de *mi* ♭. Il n'y a donc pas d'inconvénient à les supprimer dans les formules spéciales du mineur.

Il y a cependant une remarque à faire sur les premiers tons mineurs *la*, *ré*, *sol*, c'est que leurs majeurs même base ne seront étudiés qu'en dernier lieu. Ceux-ci, en effet, sont les premiers de la série des tons par dièses, et comme pour éviter un double travail on ne doit étudier que les tons par bémols qui leur correspondent, on devra attendre jusque-là pour compléter la comparaison des intervalles du mode mineur: mais cet inconvénient sera amplement racheté par la promptitude avec laquelle ces tons seront appris lorsque viendra leur tour. En outre, il ne faut pas l'oublier, il ne s'agit ici que des intervalles augmentés et diminués; ces intervalles se présentent rarement dans la pratique; les exercices faits soit sur les accords, soit sur les six premières notes de l'échelle mineure seront suffisants pour mettre l'élève en état de surmonter, dans le plus grand nombre de cas, les difficultés qu'il rencontrera dans la pratique. Néanmoins, j'ai cru devoir indiquer ici comment se complète la nomenclature des intervalles, et les motifs qui m'ont déterminé dans l'adoption du système que j'ai suivi.

Il ne sera peut-être pas superflu d'ajouter aussi quelques mots sur les motifs qui m'ont guidé dans le choix de la série des tons à étudier, et m'ont porté à préférer les tons par bémols aux tons par dièses.

Les deux Tableaux N° 1 et 2, où se trouvent les éléments qui constituent le ton d'*ut* majeur, contiennent, on l'a remarqué, des exercices sur les deux hexacordes *sol, la, si, ut, ré, mi* et *ut, ré, mi, fa, sol, la;* mais bien qu'il paraisse ici appartenir au ton d'*ut*, on sait que le premier de ces hexacordes fait partie du ton de *sol* majeur, et l'étude des tons par dièses mettrait dans la nécessité d'étudier toujours par anticipation l'hexacorde du ton suivant, dont les six premières notes sont communes aux deux tons. Ainsi, pour apprendre le ton de *sol*, il faudrait étudier par anticipation l'hexacorde *ré, mi, fa* ♯, *sol, la* du ton de *ré*. En prenant, au contraire, les tons par bémols, on n'a pas besoin d'anticiper, puisque l'hexacorde de la dominante de chaque nouveau ton a toujours été étudié dans le ton précédent. Cela permet de suivre une marche plus uniforme, en dispensant de recourir à deux tableaux pour l'étude d'un seul ton, ou d'écrire chaque hexacorde sur deux tableaux.

Le cadre de cet ouvrage ne me permet pas d'offrir ici des exercices contenant des dièses ou bémols accidentels; mais les élèves qui auront acquis de l'assurance à l'intonation des intervalles, dans tous les tons, n'éprouveront aucune difficulté à exprimer ces intervalles lorsqu'ils se rencontreront accidentellement. Ils trouveront, dans les méthodes en usage, la théorie des lois de la modulation, et de la musique où elles sont appliquées. Au surplus, une étude consciencieuse des accords de chaque ton les préparera à tous les changemens de tonalité, à l'exception de celui du majeur à son mineur même base et réciproquement; mais ces changemens, pas plus que les autres, ne contenant aucun intervalle qui ne soit connu des élèves, ne sauraient présenter des difficultés sérieuses.

Le même motif me fait renvoyer le lecteur aux méthodes pour ce qui concerne les genres chromatique et enharmonique.

INSTRUCTION
RELATIVE A L'ÉTUDE DES EXERCICES D'ACCORDS (page 40).

Ces exercices sont divisés en trois parties: l'accord de tonique à l'état direct, à son premier et à son deuxième renversement. Ce qui sera dit pour l'étude des trois lignes ci-dessous de l'état direct du ton d'*ut* et de ses adjacents pourra s'appliquer à celle du premier et du second renversement, et à celle des accords de tous les autres tons.

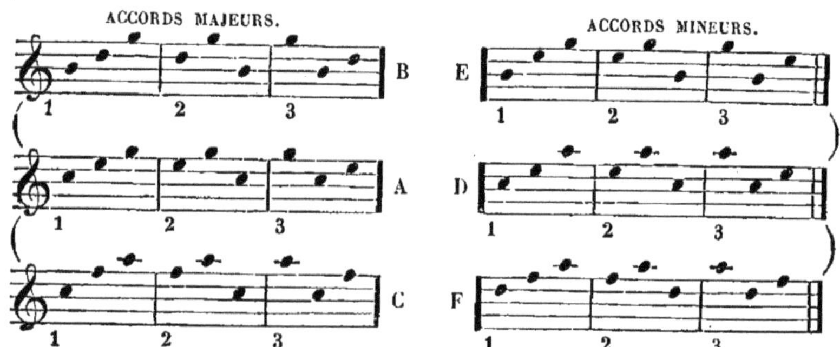

Les trois lignes ci-dessus sont divisées en deux parties: celle de gauche contient les accords majeurs: A l'accord d'*ut*, B l'accord de *sol*, C l'accord de *fa*. La partie droite donne vis-à-vis de A l'accord de *la* mineur D; E, l'accord mineur de *mi* vis-à-vis de son majeur relatif *sol*, et F l'accord mineur de *ré*, relatif de *fa* majeur.

Chacun de ces accords de trois notes donne six combinaisons différentes, dont trois seulement sont écrites. Pour obtenir les trois autres, il suffit, après avoir lu les trois combinaisons de chaque accord de gauche à droite, de les lire de droite à gauche.

Les six combinaisons que présente cet exemple sont toutes celles qui sont possibles sur les trois notes *ut, mi, sol*.

Après avoir étudié l'accord A comme il vient d'être indiqué, on étudiera de même séparément chacun des autres accords B, C, D, E, F; on combinera ensuite les accords A et D, qui sont placés sur la ligne du milieu, soit entre eux, soit avec l'un des accords B et E, placés sur la ligne au-dessus, soit avec l'un des accords C et F, qui sont placés sur la ligne au-dessous.

Il ne faudra commencer ces combinaisons, en partant de l'accord D de *la mineur*, qu'après s'être suffisamment exercé en partant de l'accord d'*ut* A.

Pour bien faire comprendre comment cette étude doit être dirigée et quelle variété infinie de combinaisons résulte de la disposition des accords telle qu'on la voit dans l'exemple ci-dessus, j'indique ici les combinaisons principales que l'on peut obtenir entre les deux seuls accords A et B. On obtiendrait le même nombre de combinaisons entre l'accord A et avec chacun des autres accords C, D, E, F. En lisant :

1° l'accord A de gauche à droite, puis de droite à gauche.

    —   B de la même manière.

2°   —   A de gauche à droite, et l'accord B de gauche à droite.

    —   A de gauche à droite,   —   B de droite à gauche.

3°   —   A de droite à gauche,   —   B de gauche à droite.

    —   A de droite à gauche,   —   B de droite à gauche.

4°   —   A 1 de gauche à droite, combiné successivement avec chacun des accords B 1, B 2, B 3, de gauche à droite, et de droite à gauche.

5°   —   A 2 combiné de la même manière.

6°   —   A 3 combiné de la même manière.

7°, 8°, 9°, A 1, A 2, A 3, de droite à gauche combinés de même avec B 1, 2, 3, de gauche à droite, de droite à gauche.

10° —   A 1, B 1, A 2, B 2, A 3, B 3, de gauche à droite, de droite à gauche, ou bien A 1, B 1, B 2, A 2, A 3, B 3, et en revenant vers la gauche.

Les mêmes combinaisons, deux à deux, peuvent se faire en prenant l'accord mineur *la, ut, mi*, B, pour point de départ ou *accord central*, c'est-à-dire auquel il faut toujours revenir en terminant l'exercice (1).

Après avoir étudié ces accords deux à deux, on peut les étudier trois à trois, en ayant soin de placer toujours au milieu l'accord A si l'on veut prendre pour base de l'exercice le mode majeur, ou l'accord D si l'on veut prendre pour base le mode mineur.

Il ne faudrait pas essayer de combiner directement les accords B et E avec ces accords C et D, ces successions d'accords ne pouvant avoir lieu dans la pratique.

Ainsi, pour combiner, par exemple, les trois accords A, B, D, on lira :

11° l'accord A 1, B 1, A 1, D 1, puis A 1, B 2, A 1, D 2, et A 1, B 3, A 1, D 3 ; et de même en lisant les accords B et D de droite à gauche, et en continuant de lire l'accord A 1 de gauche à droite enfin, en lisant l'accord A 1 de droite à gauche. On peu faire le même exercice en prenant successivement pour accord central A 2 et A 3, tantôt de droite à gauche, tantôt de gauche à droite.

On peut juger par ce qui précède de l'économie qui résulte de cette disposition des accords. Il faudrait des volumes pour écrire toutes les combinaisons qu'il serait possible d'en tirer.

---

(1) Ces combinaisons s'appliquent aussi aux exercices **H** qui terminent les sept derniers tableaux et qui donnent les trois renversements de l'accord de quinte mineure combiné avec l'accord de tonique.

Lorsqu'on aura acquis un peu d'assurance à l'intonation de ces exercices, il sera bien de leur donner un rhythme simple tel que les suivants.

L'application du rhythme à ces exercices permettra d'habituer les élèves (dès le commencement de leur éducation musicale) aux effets de l'harmonie, en faisant chanter ces accords à deux ou trois voix.

Dans ce but, on les formera en deux ou trois groupes, selon la nature des voix; on confiera la direction de chacun des groupes aux élèves les plus avancés. On fera alors chanter par un groupe l'accord à l'état direct; par un autre le premier renversement, et par un autre le deuxième renversement; en guidant les moniteurs par des signes spéciaux, ou en convenant préalablement d'une marche régulière pour le passage d'un accord à l'autre.

Puis, afin de faire chanter à chaque groupe tous les renversements du même accord, on placera à la basse tantôt la tonique, tantôt la médiante et tantôt la dominante; mais comme ces diverses combinaisons ne sont pas écrites sur les Tableaux, on y suppléera, en n'ayant pas égard à la position des notes sur la portée (c'est-à-dire au son absolu), et en les exécutant quelquefois comme si elles étaient écrites à l'octave au-dessus ou au-dessous de la notation effective.

Un exemple rendra ceci plus clair. Supposons que le Tableau ne présente que le premier exercice ci-dessous et que cependant on veuille faire chanter aux trois groupes dans des exercices différents, les trois lignes qui indiquent les trois voix par les chiffres 1, 2, 3.

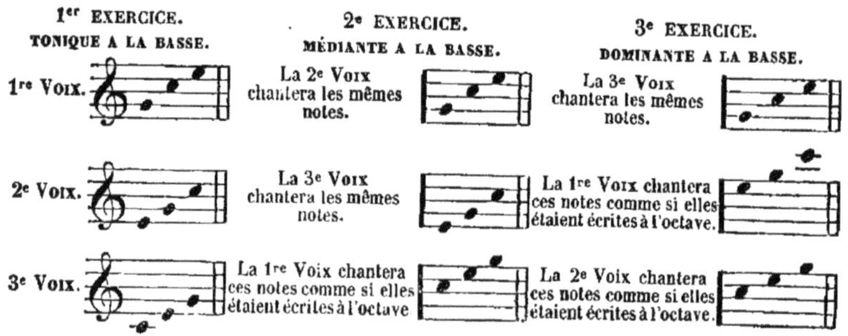

On pourrait multiplier ces combinaisons. Je me contente d'indiquer celles-ci; elles serviront de guide pour toutes les autres.

INTONATIQN

MUSICALE.

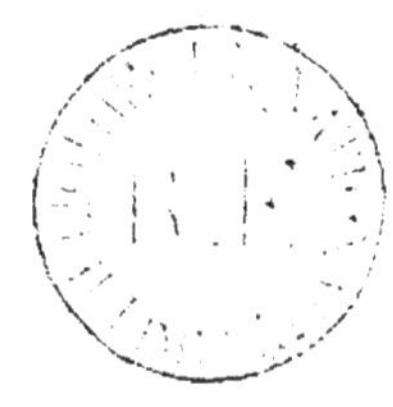

IER TABLEAU.

(La manière dont les exercices de ce Tableau doivent être étudiés est décrite page 22 du *Guide.*)

AU LIEU DE: Malbrough s'en va-t-en guerre, mironton, mironton, mirontai-ne,
CHANTEZ . . *sol si   si si   la ut si   ut si la   la la la   sol la si sol.*
OU . . . . . *ut mi   mi mi   ré fa mi   fa mi ré   ré ré ré   ut ré mi ut.*

1er EXERCICE sur les trois notes *sol*, *la*, *si.*

2e EXERCICE sur les trois notes *sol*, *la*, *si.*

1er EXERCICE sur les quatre notes *sol*, *la*, *si*, *ut.*

N° 1. **Formule**, contenant les combinaisons binaires des quatre notes *sol*, *la*, *si*, *ut*.

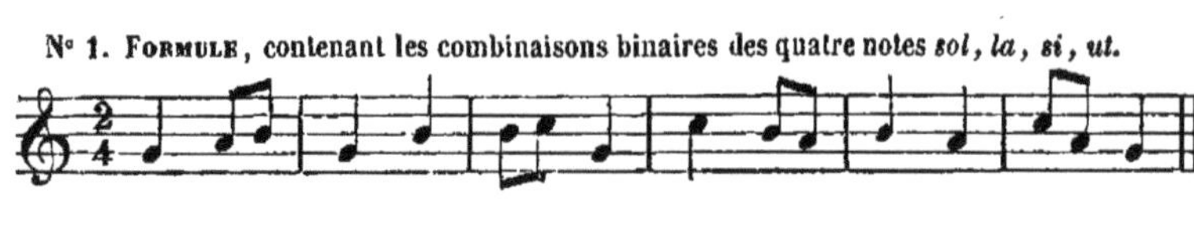

A. 2ᵉ **Exercice** sur les notes *sol*, *la*, *si*, *ut*.

Réunion des deux tétracordes *sol*, *la*, *si*, *ut* et *ut*, *ré*, *mi*, *fa*.

1ᵉʳ **Exercice** sur les cinq notes *sol*, *la*, *si*, *ut*, *ré*.

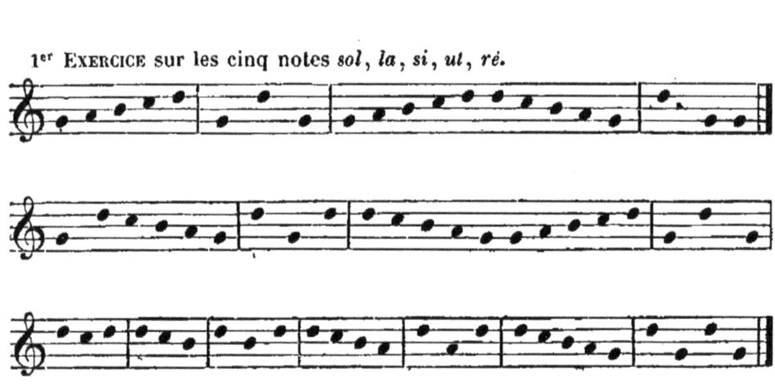

N° 2. **Formule**, contenant les combinaisons binaires de la note *ré* avec *ut*, *si*, *la*, *sol*.

B. Autre EXERCICE sur les cinq notes *sol, la, si, ut, ré.*

1er EXERCICE sur les six notes *sol, la, si, ut, ré, mi.*

N° 3. FORMULE contenant les combinaisons binaires de la note *mi* avec *ré, ut, si, la, sol.*

C. Autre EXERCICE sur les six notes *sol, la, si, ut, ré, mi.*

G. ACCORDS contenus dans l'hexacorde *sol, la, si, ut, ré, mi.*

Etat direct.

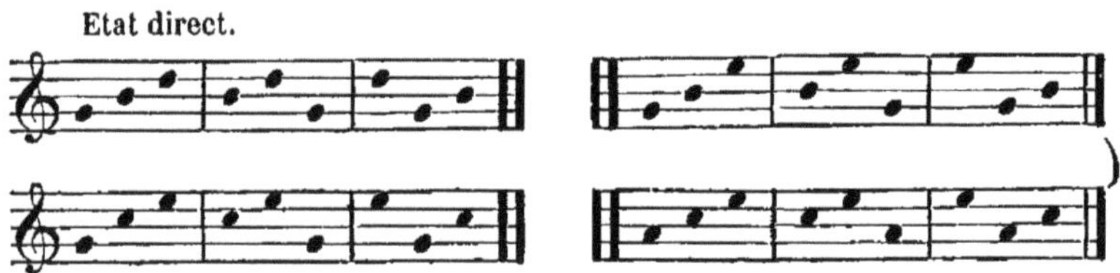

Les formules ci-après expriment les mêmes rapports que celles qui ont déjà été étudiées sous les mêmes numéros, et sur les notes *sol, la, si, ut, ré, mi;* mais ici elles sont écrites sur les notes *ut, ré, mi, fa, sol, la.* Elles doivent servir d'exercice préparatoire à l'étude du Tableau n° 2.

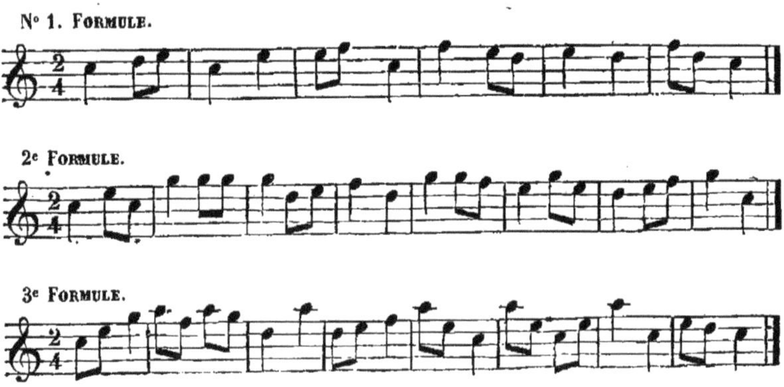

2ᴱ TABLEAU.

TON D'*UT* MAJEUR ET DE *LA* MINEUR.

A. EXERCICE sur les quatre notes *ut, ré, mi, fa.*

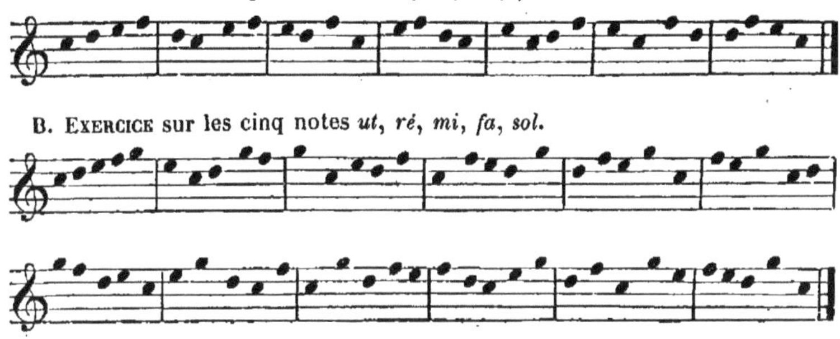

B. EXERCICE sur les cinq notes *ut, ré, mi, fa, sol.*

4ᵉ FORMULE, contenant les rapports de la note *mi* avec *ré, ut, si, la.*

5ᵉ FORMULE, contenant les rapports de la note *fa* avec *mi, ré, ut, si, la.*

D. EXERCICE sur les quatre notes *la, si, ut, ré.*

E. EXERCICE sur les cinq notes *la, si, ut, ré, mi.*

C. EXERCICE sur les six notes *ut*, *ré*, *mi*, *fa*, *sol*, *la*.

4 **Formules** (N° 6 à 9) contenant les rapports de *fa* avec les autres degrés de la gamme.

4 **Formules** (N° 10 à 13) contenant les rapports de *si* avec les autres degrés de la gamme.

F. EXERCICE sur les six notes *la, si, ut, ré, mi, fa.*

11.

12.

13.

14e FORMULE, contenant les intervalles de septième et de quarte diminuées du mode mineur.

15e FORMULE, contenant les intervalles de seconde et de quinte augmentées du mode mineur.

G. ACCORDS

H. Accord de quinte mineure ou diminuée, combiné avec celui de tonique majeure.

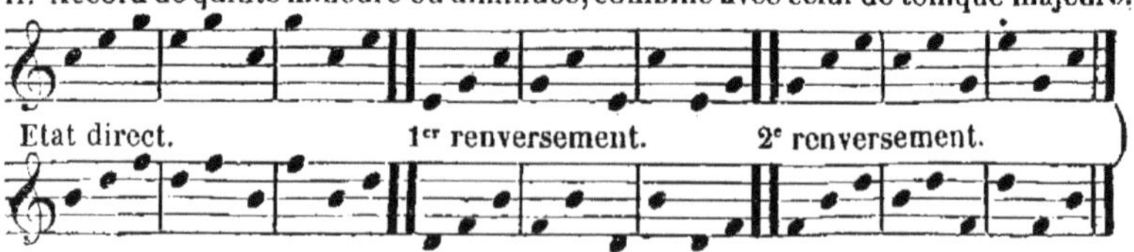

3ᴱ TABLEAU.

Fᴀ *majeur.*
Rᴇ́ *mineur.*

Fᴀ ♯ *majeur.*
Rᴇ́ ♯ *mineur.*

Fᴏʀᴍᴜʟᴇs 6 à 9, en *fa* majeur, contenant les combinaisons de la sous-dominante *si* ♭ avec les autres degrés de la gamme.

Nᵒ 6.

Nᵒ 7.

Nᵒ 8.

Nᵒ 9.

Fᴏʀᴍᴜʟᴇs Nᵒ 4, 5, 14 et 15, en *ré* mineur.

Nᵒ 4. Contenant les combinaisons de la note *la* avec *sol, fa, mi, ré.*

Nᵒ 5. Contenant les combinaisons de la note *si* ♭ avec *la, sol, fa, mi, ré.*

Nᵒ 14. Contenant la quarte et la septième diminuées du mode mineur.

Nᵒ 15. Contenant la seconde et la quinte augmentées du mode mineur.

EXERCICES EN *FA* MAJEUR.

FORMULES 10 à 13, transposées en *fa* ♯ majeur, contenant les combinaisons de la sensible *mi* ♯ avec les autres degrés de la gamme.

EXERCICES EN *RÉ* MINEUR.

G. ACCORDS

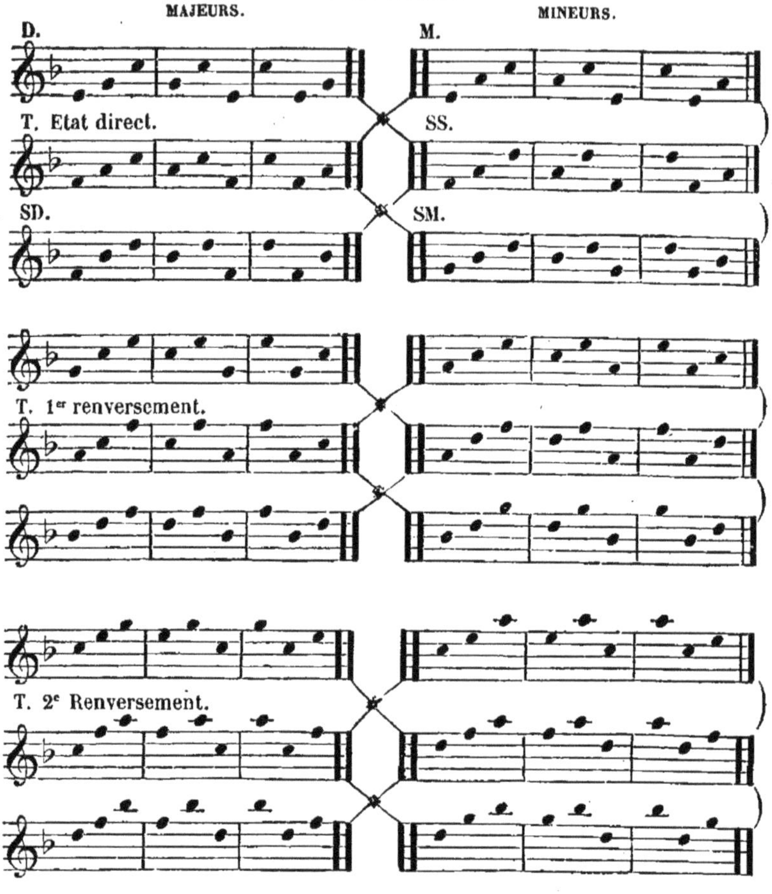
MAJEURS.
MINEURS.
D.
M.
T. Etat direct.
SS.
SD.
SM.
T. 1er renversement.
T. 2e Renversement.

H. Accord de quinte mineure ou diminuée, combiné avec celui de tonique majeure.

Etat direct.
1er renversement.
2e renversement.

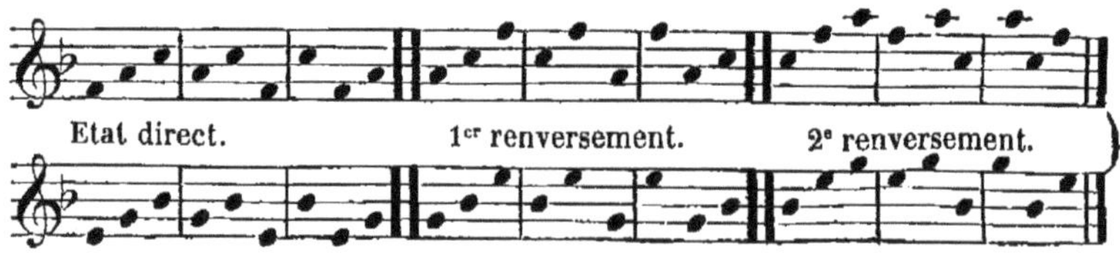

4ᴱ TABLEAU.

Sɪ ♭ *majeur.*
Sᴏʟ *mineur.*

Sɪ *majeur.*
Sᴏʟ ♯ *mineur.*

Fᴏʀᴍᴜʟᴇs 6 à 9, en *si* ♭ majeur, contenant les combinaisons de la sous-dominante *mi* ♭ avec les autres degrés de la gamme.

Nᵒ 6.

Nᵒ 7.

Nᵒ 8.

Nᵒ 9.

Fᴏʀᴍᴜʟᴇs Nᵒ 4, 5, 14 et 15, en *sol* mineur.

Nᵒ 4. Contenant les combinaisons de la note *ré* avec *ut, si* ♭, *la, sol.*

Nᵒ 5. Contenant les combinaisons de la note *mi* ♭ avec *ré, ut, si* ♭, *sol.*

Nᵒ 14. Contenant la quarte et la septième diminuées du mode mineur.

Nᵒ 15. Contenant la seconde et la quinte augmentées du mode mineur

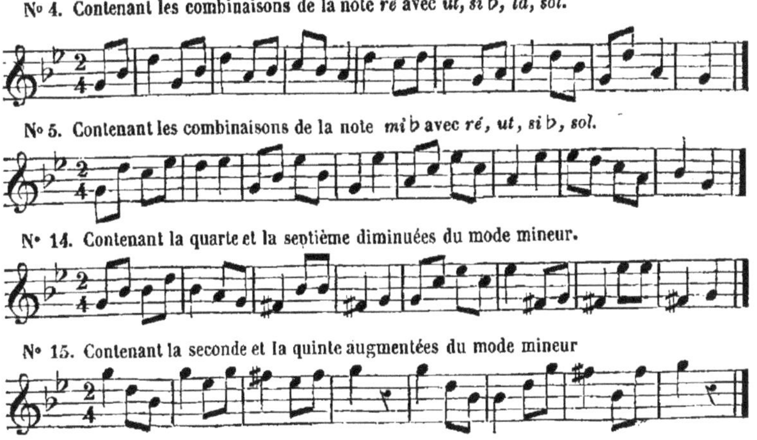

EXERCICES EN *SI* ♭ MAJEUR.

FORMULES 10 à 13, transposées en *si* majeur, contenant les combinaisons de la sensible *la* ♯ avec les autres degrés de la gamme.

EXERCICES EN *SOL* MINEUR.

G. ACCORDS

H. Accord de quinte mineure combiné avec celui de tonique majeure.

5ᴱ TABLEAU.

Mɪ ♭ *majeur.*
Uᴛ *mineur.*

Mɪ *majeur.*
Uᴛ ♯ *mineur.*

Fᴏʀᴍᴜʟᴇs 6 à 1, en *mi ♭* majeur, contenant les combinaisons de la sous-dominante *la ♭* avec les autres degrés de la gamme.

Fᴏʀᴍᴜʟᴇs N° 4, 5, 14 et 15, en *ut* mineur.

N° 4. Contenant les combinaisons de la note *sol* avec *fa, mi ♭, ré, ut.*

N° 5. Contenant les combinaisons de la note *la ♭,* avec *sol, fa, mi ♭, ré, ut.*

N° 14. Contenant la quarte et la septième diminuées du mode mineur.

N° 15. Contenant la seconde et la quinte augmentées du mode mineur.

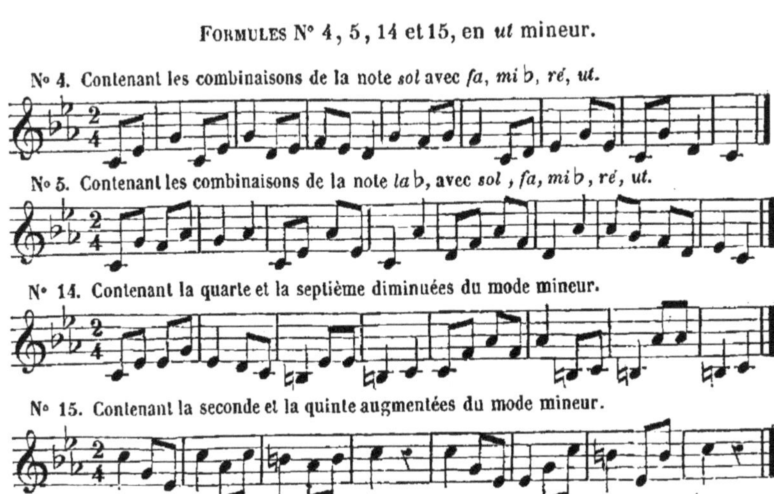

4

EXERCICES EN *MI* ♭ MAJEUR.

A.

B.

C.

FORMULES 10 à 13, transposées en *mi* majeur, contenant les combinaisons de la sensible *ré* ♯ avec les autres degrés de la gamme.

Nº 10.

11.

EXERCICES EN *UT* MINEUR.

G. ACCORDS

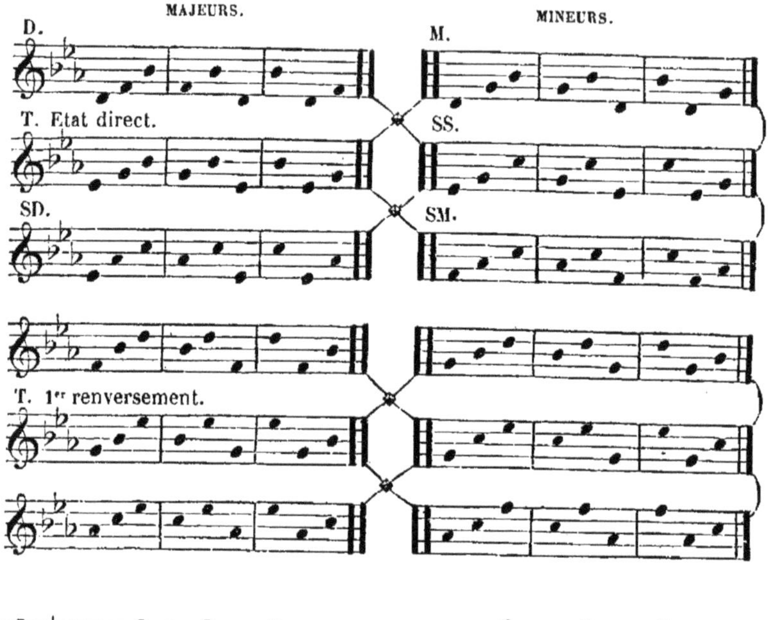

MAJEURS.   MINEURS.

D.   M.

T. Etat direct.   SS.

SD.   SM.

T. 1er renversement.

T. 2e Renversement.

H. Accord de quinte mineure combiné avec celui de tonique majeure.

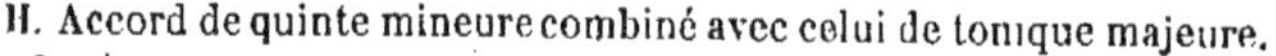

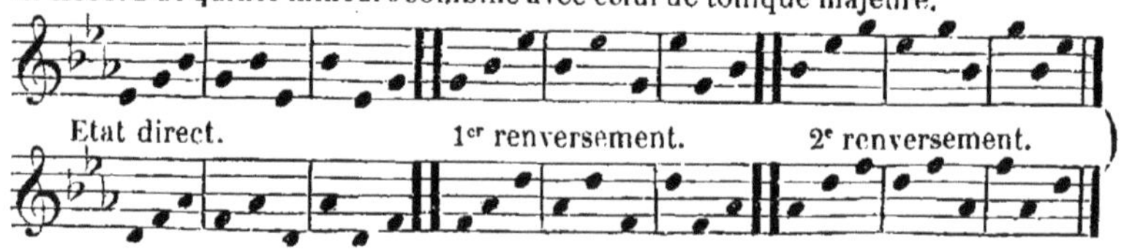

Etat direct.   1er renversement.   2e renversement.

6ᴱ TABLEAU.

La ♭ *majeur.*
Fa *mineur.*

La *majeur.*
Fa ♯ *mineur.*

Formules 6 à 9, en *la* ♭ majeur, contenant les combinaisons de la sous-dominante *ré* ♭ avec les autres degrés de la gamme.

N° 6.

N° 7.

N° 8.

N° 9.

Formules N° 4, 5, 14 et 15, en *fa* mineur.

N° 4. Contenant les combinaisons de la note *ut* avec *si* ♭, *la* ♭, *sol, fa.*

N° 5. Contenant les combinaisons de la note *ré* ♭, avec *ut, si* ♭, *la* ♭, *sol, fa.*

N° 14. Contenant la quarte et la septième diminuées du mode mineur.

N° 15. Contenant la seconde et la quinte augmentées du mode mineur.

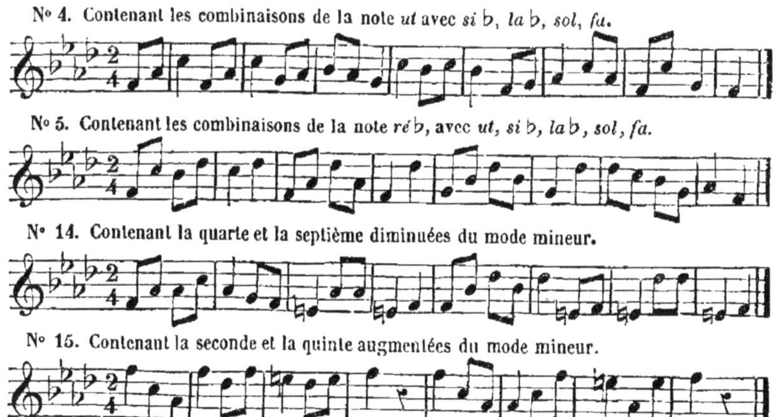

EXERCICES EN *LA* ♭ MAJEUR.

Formules 10 à 14, transposées en *la* majeur, contenant, les combinaisons de la sensible *sol* ♯ avec les autres degrés de la gamme.

EXERCICES EN *FA* MINEUR.

D.

E.

F.

Nº 12.

Nº 13.

G. ACCORDS

H. Accord de quinte mineure combiné avec celui de tonique majeure.

7ᴱ TABLEAU.

Ré ♭ *majeur.*
Si ♭ *mineur.*

Ré *majeur.*
Si *mineur.*

FORMULES 6 à 9, en *ré* ♭ majeur, contenant les combinaisons de la sous-dominante *sol* ♭ avec les autres degrés de la gamme.

Nᵒ 6.

Nᵒ 7.

Nᵒ 8.

Nᵒ 9.

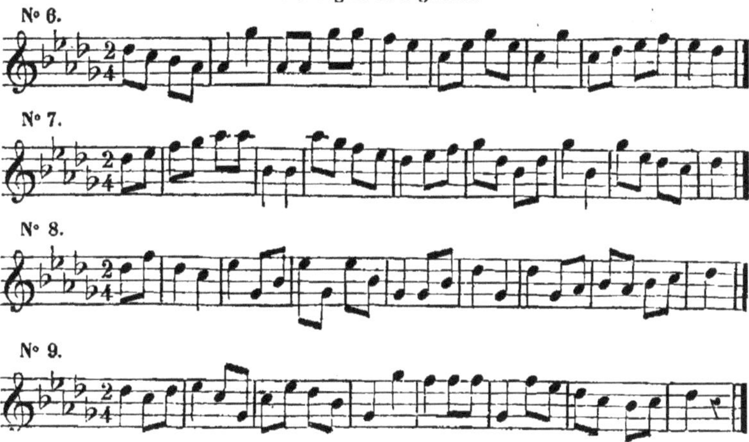

FORMULES Nᵒ 4, 5, 14, et 15 en *si* ♭ mineur.

Nᵒ 4. Contenant les combinaisons de la note *fa* avec *mi* ♭, *ré* ♭, *ut*, *si* ♭.

Nᵒ 5. Contenant les combinaisons de la note *sol* ♭ avec *fa, mi* ♭, *ré* ♭, *ut, si* ♭.

Nᵒ 14. Contenant la quarte et la septième diminuées du mode mineur.

Nᵒ 15. Contenant la seconde et la quinte augmentées du mode mineur.

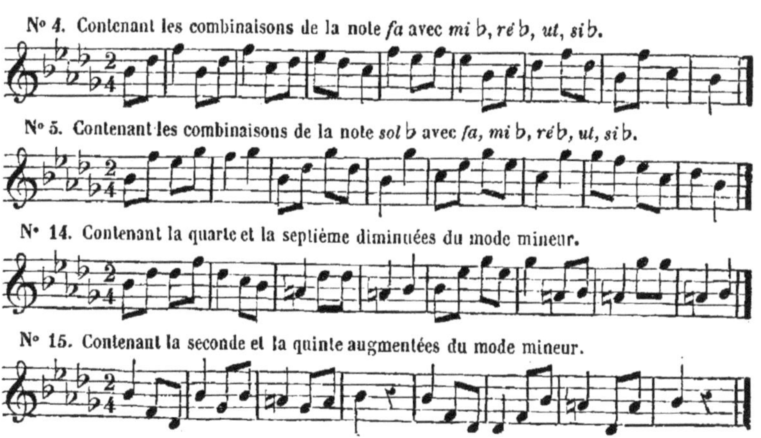

EXERCICES EN *RÉ* ♭ MAJEUR.

FORMULES 10 à 13, transposées en *ré* majeur, contenant les combinaisons de la sensible *ut* ♯
avec les autres degrés de la gamme.

EXERCICES EN *SI* ♭ MINEUR.

G. ACCORDS

H. Accord de quinte mineure combiné avec celui de tonique majeure.

8ᴇ TABLEAU.

Soʟ ♭ *majeur.*
Mɪ ♭ *mineur.*

Soʟ *majeur.*
Mɪ *mineur.*

Formules 6 à 9, en *sol* ♭ majeur, contenant les combinaisons de la sous-dominante *ut* ♭ avec les autres degrés de la gamme.

N° 6.

N° 7.

N° 8.

N° 9.

Formules N° 4, 5, 14 et 15, en *mi* ♭ mineur.

N° 4. Contenant les combinaisons de la note *si* ♮ avec *la* ♭, *sol* ♭, *fa*, *mi* ♭.

N° 5. Contenant les combinaisons de la note *ut* ♭, avec *si* ♭, *la* ♭, *sol* ♭, *fa*, *mi* ♭.

N° 14. Contenant la quarte et la septième diminuées du mode mineur.

N° 15. Contenant la seconde et la quinte augmentées du mode mineur.

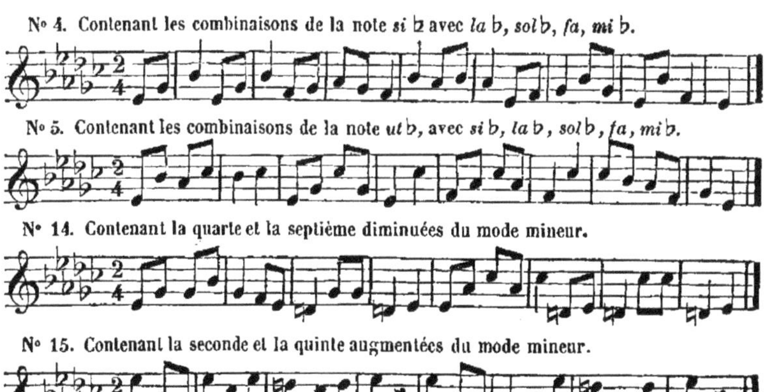

EXERCICES EN *SOL* ♭ MAJEUR.

FORMULES 10 à 13, transposées en *sol* majeur, contenant les combinaisons de la sensible *fa* ♯ avec les autres degrés de la gamme.

Nº 10.

EXERCICES EN *MI* ♭ MINEUR.

G. ACCORDS

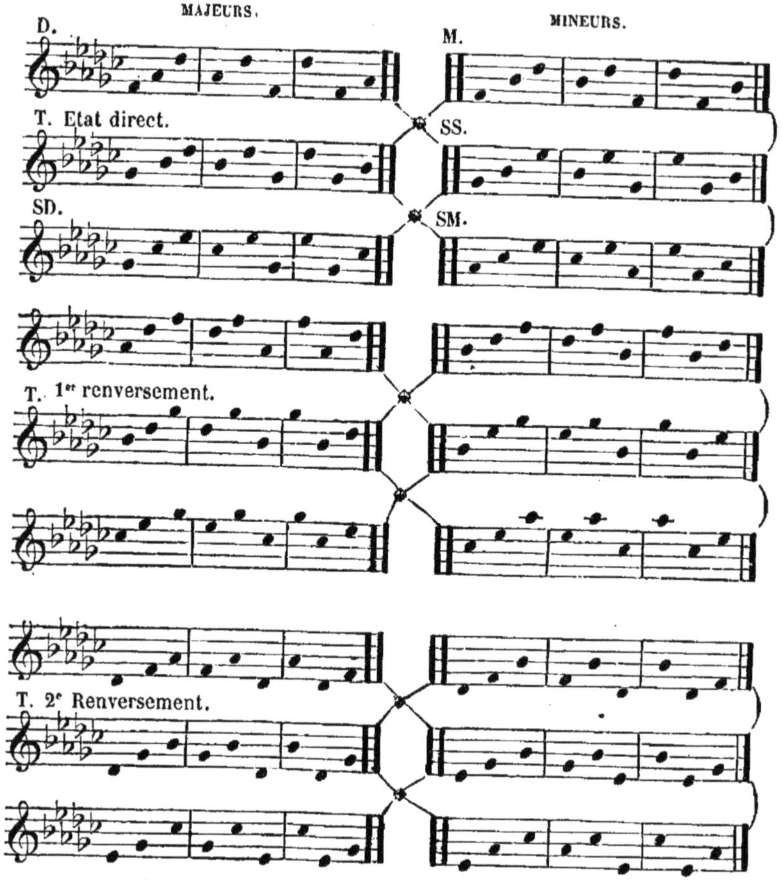

H. Accord de quinte mineure combiné avec celui de tonique majeure.

FIN.

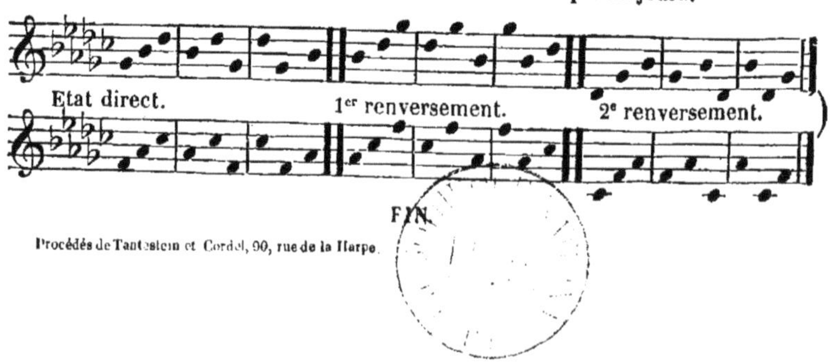

Procédés de Tantenstein et Cordel, 90, rue de la Harpe.

www.ingramcontent.com/pod-product-compliance
Ingram Content Group UK Ltd.
Pitfield, Milton Keynes, MK11 3LW, UK
UKHW031809170726
13836UKWH00003B/1278